英語の所有構文に関する考察

認知言語学的アプローチから見えてくること

A Study on the English Possessive Genitives

From the Viewpoint of a Cognitive Linguistics Approach

平 見 勇 雄

HIRAMI Isao

ふくろう出版

目　次

第 1 章

1.1　はじめに _____ 2

1.2　英語を専攻することを決める _____ 4

1.3　職業を決めるまで _____ 11

1.4　論文のテーマを決めるまで _____ 15

1.5　言語学の分野 _____ 18

1.6　統語論 _____ 20

1.7　意味論とは―「形式には意味が反映される」― ____ 23

1.8　知的意味の違いが出る文の存在 _____ 28

1.9　さらなる現実の認識との一致の例 _____ 31

1.10　過去形と仮定法、そして仮定法と話法 _____ 34

1.11　一つの語から見えてくる問題――言語間の共通性に関して ____ 42

1.12　個別言語の特徴―「する」と「なる」の言語学― __ 51

1.13　言葉によって起こる外界の認識の違い _____ 57

1.14　もう一つの認知言語学における重要な考え方
　　　―プロトタイプという概念― _____ 59

第 2 章

2.1　所有構文の問題点 _____ 68

2.2　分類に関して―主に Michael Swan、Quirk et al.― ____ 72

2.3　例外を生み出している要因 _____ 77

　2.3.1　例外となる例　衝突する二つの要素のいくつか ____ 78

　2.3.2　個人による差 _____ 81

　2.3.3　固定化している慣用句（イディオム） _____ 82

2.4　なぜ認知言語学の分析のほうが従来の方法より優れているのか？ __ 84

2.5　A's B に関しての共通性 _____ 87

i

2.6	B of A に関して	94
2.6.1	形あるものの部分全体関係の例	95
2.6.2	一方がもう一方の特徴や中身を表している例	96
2.6.3	容器と中身の関係にある例	96
2.6.4	動物、鳥、虫の群れを表す表現	97
2.6.5	A が B を構成している構成物	98
2.6.6	B の中身（内容）を A が表している例	99
2.6.7	（辞書によっては）同格に位置づけられる表現 —比喩—	99
2.6.8	同格	100
2.6.9	その他のさまざまな B of A	101
2.6.10	Double genitive とそれに関係する表現についての考察	103
2.7	B of A の head noun が A にも B にもなる理由	117
2.8	A's B と B of A の特徴のまとめと問題点	122
2.9	A's B と B of A の両方で表される例について	126
2.10	人と日時の共通点に関して行き詰まったときに考えたこと	129
2.11	AB という形式の持つ意味	133
2.12	日時の表現とそれぞれの形式の間の関係	136
2.12.1	B of A と AB	136
2.12.2	A's B と B of A	138
2.12.3	Deictic（直示的表現）— 人と日時の接点	140
2.12.4	除外された用法との接点	144
2.13	最後に残る問題	147

第 3 章

3.1	生物学的な観点に行き着く理由	150
3.2	言語と生物の類似点について	157
3.2.1	程度の差が生み出す、それぞれのあり方	159
3.2.2	代替という共通性	160

3.2.3	階層的であること	161
3.2.4	共通するけど多様	163
3.2.5	言語習得と植物の栄養分獲得	164
3.2.6	認知言語学と生物学の共通点	167
3.3	植物の生存する手段の多様性	170
3.4	言語という手段	174

おわりに	180
参考文献	183

第 1 章

第 1 章

● 1.1　はじめに

　ここ十数年、何人かの研究者が自分たちの専門分野を一般向けに、専門の知識がなくても理解出来るよう、易しく書かれている数冊の本を読んだ。英語の分野でもそういう本はこれまでたくさんあったので、そういう体裁で、自分史のような内容も加えて自分なりに研究成果の一部を一冊にまとめてみようと思った。

　英語に関心のある人はまわりにたくさんいる。しかし、いわゆる英語を専門としていると言われる人達でさえ「英語を分析する」とはどういうことなのかがわからない人も相当数いる。というか、お仕事は何をされていますかと訊かれ、英語を専門にしていますと言うと、世間一般の人の多くが、英語のことなら何でもできると解釈してしまうが、大きな誤解だ。そういう稀有な人もいるだろうが、大半は何らかの専門的な分野以外、特別に優れた知識や能力があるわけではない。英語を教えるのが得意な人もいれば、翻訳や通訳の得意な人もいる。英語の教科書を作るのが上手な人もいれば、英語の方言を集めて体系づけている人もいる。

　私の専門は、実践的な英語でも英語教育でもないから、そういう分野は不得意だし疎い。だから英会話に優れているわけではないし、英語を教えるのがうまいかどうかはともかく、教え方や内容を客観的に見つめて、その方法論を専門的に検討したり、研究するわけでもない。私の専門は理論的に言語を分析することだ。だから自分のやってきた研究の紹介に加えて「言語を分析する」とはどういうことかを知っていただく内容になっている。わかりやすく、特定の分野の面白さが伝わる本が自分に書けるとは当初から思っていなかったが、幸

いにもこれまでたくさんいい本に出合ってきたことから、近づく努力はしてみたつもりである。

　この本ではテーマを英語の所有構文という内容に絞りながらも、冒頭や途中に例を交えながら、言語学の分野の一つがどういう学問であるかを明らかにしようと試みた。言語を分析するとはどういうことで、分析の前提となっている考え方を紹介し、研究者がどういう見解から分析しようとしているのか、立場を異にするとはどういうことなのかも見えるようにした。英語に関わる人達、特に現場に立っている先生方が何かの機会に所有構文を教える参考になれば幸いだ。また教育に携わっていなくても、普段から英語に関心のある人には、英語に隠れている面白さを少しでも味わってもらえたら嬉しい。

　ただし、私も自分の専門分野とは違う本を手に取ると、途中までは理解できても、それ以上進めないこともある。だから自分の理解できる範囲でわかっていただければいいと思っている。研究者にしか興味が持てない内容にならないよう、特に本を読む習慣のある人なら、教養の一部として知っておいて損はない例も所々織り交ぜた。

　専門分野の人にとっては余計な説明だと感じられる部分も多い。また現在の生成文法のことは全く記載していない。勉強不足のせいもあるが自分が研究をしていた頃にはどうだったかを紹介することが本書の第一の目的であることからその点はどうかご容赦願いたい。

第1章

● 1.2　英語を専攻することを決める

　本題に入る前に、自分史も兼ねて、私がなぜ所有構文を生涯の研究の一つとしたのかから話したい。この本の内容の半分は私がずっと昔、大学院在学時に選んだ修士論文が元となっている。テーマを選ぶきっかけはさらにそのずっと前の高校時代に遡る。

　中学の時から英語は意外と好きな教科であった。というより関心のある科目だった。幼稚園、小学校のときから歌謡曲が好きだったが、中学に入り（特に中学2年から）洋楽にのめりこみ始め、英語に触れる機会ができたことともおそらく無縁ではない。

　しかし大きいのは、英語の先生に恵まれたことだった。中学の英語の先生ではなく（というと大変先生に失礼だが）通っていた塾の先生だった。とてもわかりやすく教えてくれる先生にめぐり会ったのだ。よく言われるように、小さい頃、若い頃にいい師にめぐりあうことが人生に影響すると言われるが、実際にこの年になると心からそう思う。人間は出会いがその後の人生の多くを決めてしまう。

　しかし高校に入り、中学の時は大して問題のなかった英語も難しい単語が次々と登場し、覚える量も格段に多くなり、書かれてある題材や内容も難しくなると、突然英語が身近ではない教科となった。それからは英語の勉強は受験勉強の科目の一つとしてしか見られなくなった。

　私の通った高校では、英語は Grammar、Composition、Reading の三つに分かれていた。日本語に訳すと、文法、作文、読解である。その中で特に苦手だったのが Composition だ。多くの学生がそうだと思う。読解と違い、作文は吐き

4

1.2　英語を専攻することを決める

出す力が要求される。我々は新聞を読めても、新聞に載っているような文章は書けない。読めば何となく意味はわかっても、内容を適切な言葉で表すのは難しい。特に高校の英作文は、求められた熟語や単語を知らなければ表現できない。だから熟語や言い回しを知らないと、どう書いたらいいのか見当をつけることさえできなかった。試験問題というのは、出題者に狙いがあって出題される。そういったものは、鍵となる表現を知っているかどうかで出来るかどうか決まってしまう。

　しかし覚えてもどうにもならない問題もあった。その一つがどちらの表現（形式）で書くのがいいのかわからなかった、今回のテーマである所有構文だったのだ。

　所有構文という言葉自体、ピンとこない人も多いと思う。この本の中では所有構文とは次の二つの形式を指す。

　一つは your book（あなたの本）とか Tom's mother（トムのお母さん）のような例。もう一つは the assassination of Lincoln（リンカーンの暗殺）や most of the audience（聴衆の多く）のような例である。以下では、前者の形式を A's B、後者を B of A と表現する。（A's B と書くのは Tom's mother の例からわかるように my、our、your、his、her、its、their 以外はアポストロフィーエスをつけて表現するからである。）

　とにかく腑に落ちない例だった。何が腑に落ちなかったかと言えば、当時の教科書には「**人が A にくるときは A's B の形式を使い、A が無生物の場合は B of A を使う**」と書いていたからだった。

　確かにそういう例は多いし、決して間違ってはいない。しかし先ほど挙げた B of A の例はどちらも人である。だからなぜこんな使い分けがされるのかわからなかったのだ。

5

第1章

　詳しいことはあとに譲るがthe assassination of LincolnはLincoln's assassinationとも表現できる。当時はもちろんそんなこともわからなかったし（言えるかどうかの確信がなかったし）、A's B の形式だけしか使えない例もあれば、両方とも可能な例があることも知らなかった。

　この例について当時英作文を教えて下さっていた高校の先生に、授業中質問したことを今でも鮮明に覚えている。先生もわからなかったからだ。（私の高校では読解、作文、文法は別々の英語の先生が担当していた。その中でもその先生は優秀という噂だった。）

　学生だった当時、先生がわからないというのは考えられないことだった。先生というのは、その分野のことを何でも知っているものだと理想化して思い込んでいたものだったし、その先生はちゃんとした先生だったこともあった。今とは先生を見る目も違っていた。ちょっと困ったような顔をして黙り込んだのが印象に残っている。授業中にした質問で今でも覚えているのはそのことだけだ。今思えば、自分がこの研究に携わることになったのは必然的な運命だったのだろうか。

　私も食い下がることはしなかった。質問をしておいて無責任な発言だが、そんなことわかってもわからなくても大した問題じゃなかった。わからないことは何もこの例に限ったことではなかったし、わからなければ気が済まない性格でもなかった。何より勉強のおもしろさなど当時は全くわからなかった。

　高校で習う科目はたくさんある。それ以上に興味ある趣味もあった。高校時代はまわりにいた友人同様、勉強より音楽や映画に目が向いていた。中でも特に好きだったのは音楽だった。自分の一日の時間の大半を占めていた、と言ってよい。今のようにウォークマンなどなかったから、実際に聴ける時間は夜、自分の家の部屋に入ってからだけだったが、頭の中では常に音楽が鳴ってい

1.2 英語を専攻することを決める

た。特にビートルズの曲や映画音楽で頭の中は占領されていたように思う。だから問題を追求する気のないまま、丸暗記できるものは暗記し、わからないものはそのままとなり、いつしか受験勉強も終わって大学に入学すると、すっかり英語から心が離れた。受験では希望する第一志望の学部に落ちてしまったこともあり、自分には全く興味のない法学部に進むと、一般教養の授業以外で英語を勉強することはほとんどなかった。（ほとんど、というのは、私は学生時代、和敬塾という目白にある男子学生寮に入っていて、そこでは強制的に何らかの教養講座を選択しなければならず「仕方なく」英会話を取っていたからだ。）

大学での前期、後期の語学の勉強（英語とフランス語）も試験前の一夜漬け状態だった。英語のサークルに入って英語を極めようという気持ちはサラサラなかった。何のためらいもなく音楽サークルに入った。

学生寮に教えに来て下さっていた英会話の先生は日本人。ご自分がしゃべるのが好きだったことに加え、我々学生がしゃべれないこともわかっていたので、先生が一方的にしゃべって終わる授業だった。英語を聴くことには少しばかり慣れたかもしれないが、高校のとき腑に落ちなかったことを先生に尋ねた記憶はない。会話のサークルだったからそんな雰囲気もなかった。

そのうちに英会話の講座に出ることも億劫になり、始まると早く終わってくれないかと思いながらの授業になってしまったので力などつかなかった。何度も書くが、英語など他の興味の前にすっかりかき消されてしまい（当時は自分のバンドを組んで音楽ばかりやっていた）、疑問点などどうでもよくなってその後完全に脳裏から消えてしまった。

あっという間に大学での青春時代は過ぎようとしていて、4年生になって就職活動の時期となり、多くの友人達は会社訪問の準備で忙しくしていた。しか

7

第 1 章

し私は親が自営だったこともあって、父親の仕事を継ぐ気はなかったが、就職に対する甘えがあった。だから就活は全くしなかった。サラリーマン生活が自分の生き方に関係あるとは思えなかった。

　ぼんやりと、しかしはっきりと確信していたのが、会社員には向いていない性分だということだった。そこで、何で生計を立てていこうかと少しずつではあるが考えてはいた。学校の先生になることは候補の一つだった。まだ学生のままでいたかったこともあった。先生なら立場は違っても、学生と同じ場を共有できるなどと思っていた。（今の小学校、中学校の先生の異常なほどの勤務体制を考えるととんでもない話だが。）そこで不純な動機だが、大学院に行こうと決めた。何を専門にしようかと思ったとき、もともと法律に関心の薄かった（というより全くといってよいほど関心がなかった）私は「それじゃ英語でも勉強するか・・」と思ったのだ。実に不謹慎な話である。数年前に、ある大学の先生から「最近は就職したくないので大学院に来る学生がいる」と聞いたことがあり、実にけしからん話だと思ったが、当時から自分がそういう部類の学生だったのだ！

　それじゃ英文科、ということになるのかな…と考えた。英語を勉強するとなると多くの人がいまだに私と同様、英文科と思うのではないか。

　今でこそ、国内の大学でも英語で授業を行うことを売りにしている学部もあるので、当時とは違っているが、英語を勉強するとなると、上智大学の外国語学部の英語学科のようなところを除けば、ほとんどが英文科志望になってしまう。英語を勉強しようと思って英文科を志願する学生は、今でも多いと思う。しかし英文科は基本的にイギリス文学、アメリカ文学を勉強しに行くところである。英文で書かれた原書に取り組むのであるから、英語を勉強することにはなる。しかし当時将来のことを相談したある人から（本当かどうか知らないが）

8

1.2 英語を専攻することを決める

「英文科というところは、日本の文学をはじめ外国の文学にも興味を持っている文学好きの人間が行くとこだよ」と言われた。

それなら自分には向いていない。私の行く学部ではない。駄目だ。当時は文学どころか本を読む習慣さえなかった。国語の教科書に載っていた文学の一部抜粋以上のものは読んでいなかった。私は自分が卒業した大学に入る前に、別の大学に一年在学していたが、そこでの授業で、夏目漱石の本を読んで、それをもとに討論をすることになっていたが、全部は本を読み終わらなかった。本を読み慣れていない自分には、読むスピードが遅かったことが原因だった。読むことが苦痛だったのだ。しかもそんな状況では内容も頭に入って来ない。そんな人間がどうして英文学など読めるだろうか。文学を鑑賞する気もセンスも全然ない。

それでは英語を勉強するにはどうしたらよいのか、と別の人に相談したところ、いろいろな答えが返ってきた。ある人は語学学校に行けという。確かにそういう相談をしたら、その答は妥当だろう。しかし語学学校に行って英語がある程度できるようになったところで、それを武器に何をしたいのか、それ以降のことが見えなかった。通訳者になりたいのか、海外の企業で働きたいのか、それとも当初漠然と頭をよぎった英語の教員になりたいのか、と自問したが、どれも向かない気がした。

まず自分にはどうやっても通訳者にはなれないと思った。自分で自分に壁を作るなと怒られそうだが、人には向き不向きがある。それは教養や知識がない上、あがり症だったこともあって、度胸がいる仕事に向いているとは思えなかったからだ。海外の企業も全く頭になかった。故郷の香川県が好きだったし、海外で、あるいは都会でバリバリやるタイプではなかった。そもそもサラリーマンに向く性格ではなかったから、最初から企業は考えられない。そうなると英

第1章

語を勉強して活かそうと思えば、必然的に道は決まって来る。先生しかない。小、中、高、大、あるいは予備校、専門学校、塾と、どの職種になるかはわからなかったが、選択肢の一つではあったから、とにかくその道に進むための資格を取ることにした。

　そこで法学部時代に取っていた社会科の教員になるための教職科目に加えて、通信教育で英語の教員資格に必要な単位を取ることに決めたのだった。

1.3　職業を決めるまで

　職業を決めるのは、おそらく多くの人にとって人生の一大事だ。自分の時間の大半をそれに費やすことになるのであるから。取りあえず収入を得るために、という一時的なものならそうでもないだろうが、自分の時間をそのために一生全うできるかというと考え込んでしまう。その点だけは真剣だった。私の場合は消去法で「これは向かない」「これは無理だ」と、選択肢から必然的に絞られた職種だ。教員になるかどうか、なれるかどうかはともかく、資格を取ることは決めた。

　1年半ほどかかったが通信教育で必要な単位を取得した。教員採用試験に合格するための勉強は大変かも知れないが、単位を取るだけなら決して難しくはない。

　通信教育でやった英語は、正直なところちっとも面白くなかった。私の勉強の仕方がよくなかったのかもしれないが、英語の面白さが見えるような内容ではなかった。教科書は本屋に置いてある、人気のない部類の参考書と大差なかった。通信教育だというのに一人で楽しく勉強できるようなものではなかったのだ。丁寧な作りになっていなかった。私は文法的なことだけは比較的わかっていたほうだったから、教科書を読んでも苦痛とまでは思わなかったけれど、英語が苦手な人が読んで一人で勉強するには不親切な教科書だったし、無味乾燥な内容だった。（今でも倉庫の本棚に置いてある。）教材を作ったことはないから「じゃあおまえ作ってみろ！」と言われたら、同じような面白みのないものになってしまうかもしれないが、もっとましな作り方があるだろうと思ったものだ。読んでもらう人にわかってもらいたいという熱意や工夫がまるで感じら

第1章

れなかった。

　それはともかく、塾、予備校、専門学校の非常勤講師に加えて、家庭教師は免許などなくてもできるから、それで収入を得ながら生活し、通信教育で教員免許資格を取ってからは東京都内の私立の中学、高校の非常勤講師もやった。

　最初に教えた塾は楽しかった。一通りの内容を教えるまではそれなりに大変であるが、工夫できる間は結構楽しい。自分が学生の時と、先生という教える立場になった時では、内容が同じでも、当然責任感が違うから、わかっていたつもりのところが理解できていなかったことにも気付くし、実際初めて理解したことも多くあった。どういう順序でどういう内容を教えていくかも先生を経験して初めて全体像が把握できた。

　都会の塾は競争だ。今は少子化の影響もあって地方もそうだが、噂や実績で塾の評判が口コミで広がり、どれだけ学生が来るかに影響する。だから教科書もよく出来ていたように思う。何度も言うが最初は楽しかった。当時は学生と年齢も10歳程度しか離れていないこともあったからだろう。

　しかし数年同じことを繰り返すと、慣れが生じ始めた。教育の方法論に興味を持っている人は先生として成長していくだろう。私も最初の2～3年はこうやってみよう、この説明の仕方がいいなどと、冒険も試行錯誤もあったが、なぜかそれ以上の教育方法に興味が湧かなかった。そうなると今度は惰性が出て来る。また同じ内容を教える。これが数十年続くのか、という思いがよぎるようになった。生徒と触れ合うことが好きな人なら教育の内容は二の次になるかも知れないが、内容自体に重きを置くとなると、一生を通じて情熱を傾けてやっていけるだろうか、という不安が湧いてきたのだ。教師をしてどんどん教育の内容の面白さが増していくのらいいが、私の場合はそうとも思えなかった。（こうやって自分の考えをまとめていくと、我ながら面倒くさい性格をしてい

12

ると思う。)

　そんな思いを感じ始めていた時期と重なった頃、言語学という分野があることを知った。本屋に行き、言語学の入門書のようなテキストを買って、目を通してみた。そこで初めて統語論とか意味論という言葉を知った。入門書だから当然であるが、表面的なことだけしか書いていなかったから、背後にどういう考えがあってどういう研究をするのかは、当時はもちろんわかっていなかった。しかし文学を通して英語を勉強することに比べると、言語学という視点から英語を勉強するほうが自分には合っているという直感があった。そこで言語学という分野が次第に自分の中で大きくなっていったのである。

　もちろん本当に興味を持てる内容だと思えるには何年もかかったし、当初はあくまで文学と比較したらこっちがいいと思う程度だった。実を言うと大学院に入学する頃になって、ようやく勉強の面白さを知ることになった。ある段階を乗り越えて、初めて見えてくる面白さがあるからだ。その壁を乗り越えることこそがアマチュアとプロの違いだと思う。だから面白さがわかるまでには、面白さ以上の苦しみがあった。これは凡人である自分の経験から言えることだが、本当に面白いと思えるようになるには、今言ったようにいくつもの壁を越えないと辿りつかない。まず理解に至るまでに時間がかかる。ここまでが一苦労。他の研究者は知らないが、少なくとも私の場合、苦しかった勉強の中にほんの少しだけ面白いことが見出せる感じだった。その数少ない面白さを見つけるために、大半は面白くない、はっきり言って苦痛の時間を過ごした。今思えば勉強も自分に向いていないのかも知れない。ときには「なぜこんな分析をする必要があるのか」という疑問もあった。いらだちさえも覚えるさまざまな論文や本を読んでいった。(それは私だけに責任があるかどうかわからない。)

　しかし考えてみれば、これは他の事にも当てはまるように思う。ホームラン

第1章

王は試合でそれを打つ喜びのために、裏で何千、何万回とバットを振るだろう
し、スポーツ選手は裏でものすごい稽古をして、ようやく本当の勝利の味を噛
み締めるだろうから。

　私は音楽が大好きだが、心の奥にまで入ってくる音楽にはそうそう出合えな
い。それを見つけるために、ずいぶんとたくさんのCDやレコードを買って散
財し、時間をかけて何度も聴くという作業をする。耳当たりはよくても時間が
経てば飽きるもの、逆にすぐには良さがわからないけどあとから心にひっか
かってくるものなど、さまざまだ。そうやって一生聴き続けられる、自分を夢
中にさせてくれるものにようやく出合うのである。

　しかし心からよいと心酔させてくれるものは簡単に見つかるものではない。
100曲聴いて1〜2曲程度見つかればいい方だ。

　言語学も大半は論文を読んだところでその通りだ、と納得するところまでは
いかない。読んでもピンとこないことも多く、勉強を重ねたあとで読み返して
みてようやくその一行に書いてあることが本当に理解できる（腑に落ちるとい
う表現に当たる）こともある。本は読む側の人の勉強が足りずに（程度が追い
つかなくて）価値が見出せなかったり、逆に読む側が書いた人の能力を上回っ
て、さらなる真理に近づくヒントを見つけることもある。そういう過程を経て、
これこそ本質を突いたものだと納得できると、専攻して良かったと思える。要
はそういった内容にどれだけ出合え、自分がそういった現象をどれだけ見出だ
せるか、である。

　決して勉強量が多いとは言えない自分に大きなことは言えない。けれどもこ
れまで読んできて、今でも面白いと思う例や、目からウロコが落ちた例、きっ
と興味を持ってもらえると思う例のいくつかを紹介しながら、自分の研究成果
までの過程を追ってみたい。

1.4　論文のテーマを決めるまで

　どんな分野の研究も同じだろうが、結果を論文として完成させる場合、見え
ないゴールに向かって突き進む。見えかけたときには楽しいと思えるが、それ
が間違っている、そんなことは言えない、有効な結論にたどり着けそうにない
雲行きになったときには振り出しに戻る。昨今、不正な内容の論文のニュース
がマスコミにも登場するが、直感でこうではないかと決めつけて、結論が最初
から決められ、それに向かって突き進むと、偏見が入り込む率が高くなる。都
合の悪い例は見ないようにして（あるいは見えなくなって）しまうことだって
ある。警察がある人を犯人だと、直感的に最初から決めつけて冤罪に追い込む
のと似ているかも知れない。

　振り出しに戻ることは辛い。それまでやってきたことを白紙に戻すのだ。論
文の締め切りが迫っている場合など、時間だけがどんどん過ぎてゆく感覚だけ
が先行し、時には絶望的になりどん底に突き落とされる。結論が出ないままで
は論文にならない。（中にはこれでは駄目だというのを論文にするという、と
んでもない研究者もいるようだが。）不安や焦りが起こる。先が読めない、怯
えみたいなものにまで支配されてしまうことさえある。若い頃はその繰り返し
だった。それを経験したのが修士論文だった。卒業した大学では卒論がなかっ
たので、そもそも論文を書くのが初めての経験だったことも災いしたのだろう。
面白さよりも苦痛に支配された。テーマは最初から所有構文だった。

　修士論文のテーマを決めるのは大学院の2年になって訪れた。（私はわざと
留年して、修士を3年かけて修了した。）テーマというのは大学院の講義で見
つかることもあるし、指導教官と相談しながら決まる場合もある。当時私もい

15

くつか候補を挙げ、指導教官に相談した。その一つが大学院の授業で発表した形容詞の語順に関してのものだった。あとでも少し出てくるが、レポートならともかく、修士論文の長さとしてはテーマとしてふさわしいとは自分でも思えなかった。研究は当然のことながら、自分が本当に興味あるものを選びたいものだ。テーマとしてふさわしいから、あるいは今はこういうテーマに学会の関心が集まっている、あるいは何となくやりやすそうだ、ということで選ぶ人も多いだろうが、私は自分が本当に興味あるものでなければ長続きしないタチだ。そこで本当にやりたいものは何なのかを考えていたときに浮かんできたのが高校時代、疑問のままだった英語の所有構文だったのである。

　しかしいざ始めてみると、論文のテーマを選ぶのにもっと慎重になるべきだったとすぐ後悔した。取り組み始めて、途中でテーマを変えようと思ったほどだ。英語の所有構文を研究している人は当時もそんなに多くなかったように思う。全くいなかったわけではないが、少なくとも私が取る立場からの所有構文の研究者というと、日本人に１〜２人、海外では（これも私と同じ立場で研究していた人は）２人だった。ただその人達は認知言語学の分野では有名な研究者だったが。もっと詳しく見ていけばたくさんいたのかも知れないが、勉強不足と時間の関係で気付かなかった。

　研究している人が多くないということはいくつかの可能性を示唆している。一つはその論文のテーマが面白くない、研究対象として有意義とは言えない場合だ。テーマとして失格とまでは言えないかもしれないが、言語の本質とは関係ないかも知れない。先行研究が少ないと参考文献も限られてくる。

　しかしもっとも怖い可能性は、多くの研究者が知らないところで試みたが、結論が出なかったので発表されなかった、つまり論文になり得ないテーマであるという場合だ。

1.4 論文のテーマを決めるまで

　研究というのはどの分野も手探りでやるものだから、多くの研究者は先の読めないままやってみる。難し過ぎても挫折するし、簡単に結論が出るものは大した論文にはならない。基本的に在学期間の中でその時間に見合った範囲で結論が出る内容になる、というのが理想である。だから論文として発表に値する価値と、適度の長さになる（適切な論理が展開できて結果が出る）ことを見抜くセンスも必要だ。

　もともと研究者を目指すこと自体、保証がない。特に今は以前よりもさらに厳しい状況にある。この本を手に取る人はポスドクという言葉を聞いたことのある人も多いだろうが、研究を続けても仕事にありつけるとは限らない。したがって研究職を目指す人は（運と才能に恵まれたごく一部の例外を除いて）先がないかもしれないことを覚悟して取り組まなければならないことを、志した瞬間から運命づけられている。

　「論文のテーマを選ぶのも能力の一つ」と当時指導教官に言われたことを思い出す。テーマを選ぶセンス、その鼻が利くかどうかは研究者として重要な能力なのだ。自分にそんなセンスがあるとは今でも思えないが、とにかくその時に学生時代から最も気になっていた所有構文をテーマにすることに決めたのだった。

　論文のテーマが決まると、主要な参考文献にあたる前にまずやらなければならないのは、長年版が重ねられている信頼できる用例が載っている本の入手である。そして用例を真剣に検討することだ。それから関連する論文を読んで、どのようなことがどこまで分析され、何がわかっているのか、何がわかっていないのかを知ることから始めなければならない。

第1章

1.5　言語学の分野

　ここで所有構文に入る前に、ごく大雑把に言語学が扱う内容の一部を少しだけ紹介しておきたい。

　言語学という言葉を聞くと、多くの人はどういうイメージを持つだろうか？何だか難しそうなイメージを想像する人、見当がつかないという人も多いと思う。簡単に言えば、文字通り、言葉を対象とした学問と思ってよい。

　ただ言葉を研究するといってもいくつもの領域がある。文法もあれば発音もある。歴史を探る人もいれば、言葉を比較する人だっているし、方言を集める人だっている。

　言語学と名のついた入門書を手に取れば、どの本にも音声学、音韻論、形態論、統語論、意味論、言語学史のような分野が載っている。もちろんこれ以外の言葉を耳にした人もいるだろう。最近は学問領域も広がり、他の分野と重なり合っている研究もある。たとえば心理言語学、社会言語学、生物言語学などだ。

　音声学とは語がどのように発音されているかを研究する。人間の頭を正面から二つに切って舌や唇の断面図を見たことのある人もいると思う。日本語の「あ」と、これに相当する、あるいは近い英語の母音の発音はどのように違っているかを舌や唇の位置を描いた絵、あるいは模型を使って説明する。もちろん音声学はこれだけではないが、比較的イメージが湧きやすいはずだ。

　誘拐犯から電話がかかってきた、その会話を録音し分析する。発音の仕方、イントネーションなどから、この人は何々県のどこそこ出身と考えられるが、何々弁が混じっているから、そこで暮したことがあると思われる…そういう判断も音声学とかかわっている。

18

1.5 言語学の分野

　音韻論という分野も言葉の音に関係する研究である。しかしこちらは音声学のような実践的な学問と違って、理論的な面が中心だ。日本語なら「いっぴき、にひき、さんびき」と、一のときは「ぴ」、二のときは「ひ」、三のときは「び」と濁るが、これは「いっぽん、にほん、さんぼん」、とか、「いっぱい、にはい、さんばい」と、同じように似たパターンになる。この背後にはどういう約束事が隠れているのかなど、例を知るだけで我々日本人でも意識しない、気付かないことを教えてくれる。

　ただ例外もある。一班、二班、三班とか、一分、二分、三分では三のときになぜ「ば」や「ぶ」にならないのか。言語学には例外が絶えずつきまとっていることも指摘しておきたい。

　私が大学院に入る前から興味を持っていたのは、主に統語論と意味論だった。統語論はごく簡単にいうと文法、意味論はその字のごとく言葉の意味の研究だ。

　私が勉強をやり始めた 1980 年代、この二つは言語分析のアプローチが完全に異なり、相反する立場にあった。当時特に理論上で問題となり、議論となったのが、文の「形」と「意味」を切り離して考えるかどうかだった。切り離して分析するのが統語論。逆に文の形と意味は密接に関係している、表裏一体の関係にある、とするのが意味論と捉えていればほぼ間違いない。

　そうは言っても、これでは何のことなのか、まずわかってもらえない。以下、今後の展開に必要な程度に説明しておきたい。

19

第 1 章

● 1.6 統語論

　統語論というのは文法を研究する分野であるが、私が勉強を始めた 30 年前なら統語論を勉強していると言えば、生成文法を研究している立場の人を指した。（今もそうである。）かつて生成文法は変形文法という呼び方だった。先ほど言ったように、文法は意味（それに音声）を司っているところとは独立したものとして存在している、という立場だ。のちに政治の分野にもさまざまな提言を行い、有名になったアメリカの言語学者のノーム・チョムスキーという人が、1950 年代に提唱した理論だ。

　具体的にどういうことなのか。入門書によく出て来た例文の一つが次のような例だった。

　What do you want ?

　という英文がある。日本語では「あなたは何が欲しいのですか？」という意味だ。中学の英語がわかっている人なら冒頭の what は want の後ろから出てきていることはわかる。たとえば Do you want the book ?（「あなたはその本が欲しいのですか？」の意）という、ごく普通の疑問文の the book が what に変わっただけだ。

　疑問文にすると英語は語順が変わる。これは英語では重要なことで、あとでも述べるが、語順が何がしかの意味を負っているのだ。日本語は順序が変わったりはしない。ただ what が文頭に出てくるからと言って、文の意味が変わるわけではない。だから「形と意味は基本、関係していない」というのが初期の理論で提唱された考え方だ。what が前に出てきて「文の形がもともととは変わっている」ため、当初は変形文法と呼ばれたのだ。

20

wh は文頭に来る（how も含む）ことから、文の中で「移動」があるという。確かに語が移動しているが、これは何も疑問文に限ったことではない。たとえば英語では、think のような動詞は従属節（以下の文なら that 以下）に否定を置くのではなく、主節（I think の文）に持ってこなくてはならないと、中学、高校の授業で教えられたことを覚えている人もいるだろう。日本語で「彼は医者ではないと思う」という文を英語にする場合、I think that he is not a doctor. と表現するのではなく、I don't think that he is a doctor. としないといけない。この not は従属文の中にもともとあったものが、主節に移動している、と主張するのである。つまり What do you want ? の文で、what が want の後ろから文頭に動いているのと同様に「移動した」ということだ。

　なぜそんなことが言えるのか？　その根拠としてよく挙げられたのが次の文だ。

　　　I don't think that he will come till 5 o'clock.

　　　I think that he will not come till 5 o'clock.

意味は日本語に訳すと「彼は 5 時まで来ないと思う。」だ。

　問題は上の文の that 以下の従属節だ。that 節の中に not がないとおかしな文となり意味をなさない。not がないと「彼は 5 時まで来る」となってしまう。だから下の文のように従属節に本来 not があったと考える。これが主節（I think の文）に移動しているから、上の文が成立している証拠だというのである。

　こういったことから、変形文法（今ではこういう表現を使わず生成文法という）は表面上見えている文の背後に元となる文がある、と考える。だから生成文法を勉強していたら、当時は、表層構造、深層構造という表現がよく出てきた。これがいろいろな文（たとえば受動態は能動態から出てくるという主張な

第 1 章

ど）に広がって論が展開されていくのである。と同時に、whatやnotが移動しても、意味は変わらないのだから、文の形式が変わることと意味は関係がない、という主張につながっていく。つまり「形と意味は別」ということだ。I think that 〜 という文で、従属節に否定が来ると、notは主節に置く。通常は従属節に否定がある文は使わない。notが移動しても同じ意味を表すということになる。

　形と意味は別である証拠となる例は、私も大学院に入る前に本で知り、高校の時に習う程度の英文なのに、気が付かなかった面白さに興味を掻き立てられた覚えがある。

　これだけではとても統語論の初期の理論を説明したことにはならないが、この例は私が勉強した統語論に関する教科書でしばしば目にした。（統語論を専攻されている方からこの例だけを紹介し、変形文法を語られると怒られると思うが、自分の勉強して来た経緯を振り返っているのでお許し願いたい。）

　チョムスキーが意味と形式を分けて分析しようとした理由は、ある教官から人文科学を自然科学にしたい（近づけたい）という狙いから、このような方法を取ったと聞いた覚えがある。意味という、はっきりしない、あいまい性の高い性格のものを排除して分析しなければ、いつ、どこでも同じ結果が得られる、という結論に至らない。だから形式を意味と切り離し、分析する方法を取ったというのである。

1.7 意味論とは
―「形式には意味が反映される」―

　意味論は統語論とは対立する関係にあると述べたが、1990年代には意味論を研究していると言えば、認知意味論、あるいは認知言語学、と呼ばれるものを指した。認知意味論とは「形式と意味は切り離せない表裏一体の関係にあり、文の形式には人の認識（意味）が反映されている」という立場だ。先ほどは形が変わっても意味は変化しないという内容を紹介したが、それとは逆で、形が変われば何かしら意味が変わるという立場だ。私はこの立場から言語を分析しているので少し詳しく説明したい。

　まず「文の形式には人の認識が反映されている」とはどういうことか。認知言語学の入門書でよく取り上げられる例を紹介する。代表的なものの一つが語順だ。多くの言語で、主語と目的語の語順には一つの傾向が見られる。当然、主語とは何か、目的語とは何かを定義しなければならないが、大雑把にここでは、行為を行うものが主語で、行為を受けるものを目的語、としておこう。

　するどい人はすぐに「それはおかしい」と気付かれる人もいるだろうから最初に断っておくが、もちろん動詞の内容によっては行為と呼べない主語もある。状態を意味する動詞の場合は、主語を行為者と呼べそうにない。loveという動詞のように、具体的な行為も抽象的な思いのどちらも指すものだってある。だからすべての動詞で平等に当てはまるのではない。この点はあとで説明する。

　ここではわかりやすい典型的な例を挙げる。次の文は日本語も英語もジョンが主語で語順として先で、ボールがあとに来る。つまりボールは目的語だ。

　　ジョンはボールを蹴った。

第1章

　　John kicked the ball.

　議論を複雑にしないため、受動態のことは取りあえず考えない。能動文では大半の言語でこのような語順が見られる。なぜジョンが主語になって先に来て、ボールが後ろに来るのか？

　これを説明するためにビリヤード台と、その上にあるボールを思い出してもらいたい。するとビリヤード台で起こることと、文の語順に類似性が見られることがわかる。(Langacker（ラネカーと読む）はビリヤードボールドモデルと名付けて説明を試みている。)

　ビリヤードのボールは色や大きさが同じと仮定する。その場合、動いているボールと動いていないボールが目に入れば、我々はどちらに最初目が向くだろうか。条件が同じなら、動いているボールに目がいくはずだ。そして動いているボールが別のボールに当たって2つ目のボールが動き出すと、そのボールに視線が移動する。

　我々人間は動くものと動かないものがあったら、本能的に動くものに目が向く性質を持っている。生物として生きていくため食糧を確保するとか、敵からの攻撃に対処するには必要な本能だからだろう。

　その点から文を見てみると、ジョンが蹴るという行為をまず行うわけだから、ジョンが最初に動く。だからジョンにまず着目する。そのあと飛んでいったボールに目が移る。まさにビリヤードのボールが他のボールに当たって、見ている人の視点が移っていくのと同じである。つまり言語の成り立ち（この場合は語順）と人間が外界を認識する（意味を読み取るということとも関係する）あり方には類似の関係があるということだ。

　この例はどちらに目が先に向くかという時間的な順序だが、別の性格のものもある。それが物理的空間の認識が反映されている例だ。距離的に近いものと

1.7 意味論とは ―「形式には意味が反映される」―

遠いものなら、我々は近いものに影響を受ける。それは物理的な面でも精神的な面でもそうであることは、日常の経験から明白だ。何かが爆発したら近い者が普通影響を受けるし、人が亡くなる場合も精神的に近い人が大きな影響を受ける。英語には、この遠い、近いが言葉の並びに反映されていると考えられている。次の二つのそれぞれの文は、中学や高校でもおなじみの書き換えでよく出てくるものだ。大学院で教えていただいた池上嘉彦氏がよく講義に取り上げていた。

John taught Mary English.　　　Tom showed Lucy the picture.

John taught English to Mary.　　Tom showed the picture to Lucy.

学校で習うことはないが（少なくとも私の時代はそうだった。最近の高校の参考書でも見かけない）実際は使い方やニュアンスが違っていると言われている。上の二つの文は、いわゆる5文型の中の第4文型にあたる文で、それぞれ人に当たる名詞が動詞のすぐ後ろにあり、下の第3文型よりも人であるMaryやLucyが動詞に近い位置にある。（というより上では隣り合わせになっている。）上の文も下の文もそれぞれ「ジョンはメアリーに英語を教えた」「トムはルーシーにその写真を見せた」という意味であることに変わりはない。

しかしMaryが英語を習得した、Lucyが写真を見たかどうかの程度には実は両方の文で違いがある。英語を習得したニュアンス、写真を見たニュアンスが出るのはいずれも上の文（第4文型の文）である。下の文はいずれも習得した、写真を見たとは限らない。

その理由が、動詞と目的語の、遠い、近い、という物理的距離の影響だ。下の文はそれぞれEnglish、the picture、そしてtoが入ることにより、動詞とMary、Lucyとの間に距離がある。そのため、動詞の持つ意味の影響が、人を意味する語に対して薄れるから、このようなニュアンスの違いが出る、と認知

第1章

言語学では説明する。（ただし英語の場合である。英語は形式と意味の関係が強い言語である。）言葉の、遠い、近い、という距離がニュアンスを変えるのだ。

　インフォーマントによっては、両者の文に意味の差があるとは必ずしも感じられない人もいるようだが、意味の差が感じられる場合、動詞と目的語の間で人が近い文のほうに動詞の強い影響力が滲む。逆にはならない。

　これらの文は中学、高校では第3文型、第4文型と習うものだが、相互の書き換え可能な動詞の多くで同じようなニュアンスの違いが表れることから、認知言語学の例でよく取り上げられる。

　これは「同じ形式が使われると相互に共通性が見られる」ということだ。逆に言うと「形式が異なれば意味が違ってくる」ということである。つまり認知言語学の基本的なスタンスである「形式と意味は切り離せない表裏一体の関係にあり、文の形式には人間の認識が反映されている」という主張とつながってくる。

　「形式が異なれば意味が違ってくる」という約束事は語にも当てはまる。お父さん、父上、父親、とうちゃんという語は、自分の男性親を指す言葉だが、それぞれ使い分けがある。フォーマルな場合とカジュアルな場合、書き言葉と話し言葉で違う。

　語が違えば何らかの意味の違いが出て来ることは、いろいろな例からもわかる。助動詞の場合もそうだ。我々は will は be going to に書き換えられると習うし、must は have to、can は be able to で書き換えられると習う。しかしこれらもすべての場合ではないが、基本的にニュアンスの違いがある。内容によっては顕著に意味の差が出る場合もあるし、意味の差が出にくいものもあるが、たとえば次の二つの文ははっきりと意味の差がある。

　　　She will have a baby.　　　She is going to have a baby.

26

1.7 意味論とは ―「形式には意味が反映される」―

will が使われれば、彼女は将来子供を持つのだろうという意味だが、is going to のほうは、既にお腹の中に赤ちゃんがいて、近い将来生まれる場合に使われる。must と have to に関しても Geoffrey Leech が違いを紹介している。(1987：82 〜 83)

少し話が逸れるが、これらの違いを現場で教える先生もいるかもしれないが、受験生にはそこまで求められていないこともあって、多くの学生は知らないし、関心を持たないだろう。私も意味論を勉強するまで正直知らなかった。英語に携わっている先生の中にも知らない人はいるだろう。しかし、だからこそまともな使い方ができないのだし、これまでの英語教育を受験英語と非難するなら、こういった頻繁に使われる単語の用法を授業に組み込んで行くべきだと思う。「〜させる」と、一律に訳を教えている have、make、get の使い分けも同様だ。(辞書には違いが載っている。しかし実際にどれほど違いが強調されて学生たちに浸透しているだろうか。) 日本語を習得させるために海外からの留学生用に作られた多くの日本語の教科書では、こういった表現の違いを重んじていて、きちんと教えているようだ。

日本の英語教育は何年やってもちっともしゃべれるようにならないことで非難され、会話を重視する方向に焦点を移しているが、英語教育を向上させるなら、しゃべる際に必要なこういう知識こそ教えられるべきだと思っている。

第1章

1.8　知的意味の違いが出る文の存在

　書き変えによって出る意味（ニュアンス）の違いを紹介したが、こういう意味の差や書き換えで関心を掻き立てられたわけではなかった。せいぜい、なるほど、という程度だ。私の興味を強く引いたのは、実は能動態と受動態の例だった。学生時代に受動態（受け身文）を習うが、およそ機械的な作業だ。

　　John kicked the ball.

　　The ball was kicked by John.

　能動態を受動態にする場合、目的語が主語の位置に来て、主語は「by ＋ 主語だった名詞」（名詞は目的格に変えなければならない）という副詞句となって、文の最後に置かれる。あとは動詞を be 動詞 ＋ 過去分詞にすればよかった。日本語訳はこの能動文なら「ジョンはそのボールを蹴った」、下の受動文は「そのボールはジョンによって蹴られた」となる。

　この文なら「意味に違いがあると思うか？」と一般の人達に聞いても、どう違うのかわからないと答える人もいるのではないか。せいぜい文体が違うということ、するどい人なら受動態はジョンに焦点が当たっているのではなく、ボールに焦点が当たっている、と答えるくらいだろうか。

　そもそもどういう場合にこのような受動態が使われるのか。一言で言えば、ボールについて語られる場合だ。だからボールについて語ってきたのに、突然ボール以外の語が主語になると、文脈によっては違和感を感じることがある。話の流れから自然だと思われる語り方が変化するからだ。

　ところがそういうこととは全く関係なく、能動態と受動態で意味が完全に異なる例がある。英語が得意な高校生なら普通に訳せるし、見かけそうな文だ。

28

Many students read few books.

（多くの学生はほとんど本を読まない。）

Few books are read by many students.　（毛利『橋渡し英文法』）

（多くの学生によって読まれる本はほとんどない。）

なぜこのような意味の違いが出るのか。これに答えるのは英語の先生でも難しいと思う。学生から質問されても先生が答えられないということもあるのか、あるいはこういった文は特殊扱いされるからか、意識的に教科書から外されてきた。だから英語に長年関わって来た先生でも知らない人は多い。

しかしこういった例こそ本当は教えられるべきだと思う。扱われない表現にこそ、言語の本質が隠れていることがある。学生に英語の興味を持たせるきっかけになるばかりでなく、先生にも能動態と受動態の本質に気付かせるきっかけになるからだ。

今の英語教育は例外のようなものには蓋をしてしまい、単なる暗記モノの勉強に終わらせてしまっている。この文のように態を変えると完全に意味が違ってくるものこそ、能動態と受動態という、二つの表現方法があるのはなぜかという一歩踏み込んだ言語の奥深さに触れられる。それは格好よく英語がしゃべれるようになるという（全面的に否定はしないが）上っ面の憧れではなく、言葉の面白さを追求してみたいという、地味だが深い洞察力を育てられる教育に近づける。

少し脱線すれば、アクティブ・ラーニングというのが、昨今話題になっている。それは答えのない問題を与え、考えさせ、自分なりに解答を見つけ出す能力を身につけることが狙いとしてある。ならば、こういった例はまさにその課題として使えるのではないか。こういう例を英語教育に持ち込んで教えたら、なぜなのか、学生たちが自ら考え、答えを見つけようとするきっかけを生むこ

第 1 章

とにもなる。私が高校時代に疑問に思った英語の所有構文はまさにそういう一
つだったのだから。

　先生にも安易には答えられない問題を提供することだって、やり方次第では
アクティブ・ラーニングに貢献すると思う。

1.9　さらなる現実の認識との一致の例

　第3文型を第4文型に書き換えると、動詞と間接目的語が隣に並ぶので動詞の意味が強い影響を与えると考えられる例を見たが、語が遠いか近いか、その位置によって意味の差が示される例は他にもある。それが形容詞の語順だ。大雑把に言えば、(語調の関係もあって一概に言えないが、と断りがある。(江川：1991の92ページ)) 名詞と本質的な関係にない意味の形容詞（あるいは名詞を修飾する語）ほど遠い場所に置かれる。

　複数の形容詞が一つの名詞を修飾する場合、一般的には次のような順序になっている。

1	2	3	4	5	6	7	8	9（数字は筆者）
限定詞	序数	数量	性状	大小	新旧	色	材料・所属	
a			pretty		young		French	girl
the	last	two			old	red	brick	houses
these	first		ripe	small				apples
Jim's					new	gray	steel	desk

　7、8のように名詞の属性に近い（名詞の本質に関係する）ものは名詞の近くに置かれ、1、2、3のように、名詞の属性とは無関係の（したがって名詞の意味とは関係ない）ものは離れた位置に置かれる。

　動詞と目的語との距離に、動詞の持つ意味の影響の強さが反映される言語であるからこそ、形容詞と名詞の間にもその関係が反映される。このあとで『「する」と「なる」の言語学』を紹介するが、言語の特徴は言語全体に浸透し、その言語のあり方を決める。

第1章

　日本語は「て、に、を、は」があり、それで意味が明確になるため、英語に比べ語順が緩い。それが影響しているのだろう、先ほど述べたように言語の特徴は言語全体に浸透するため日本語では「かわいくて、若い、フランス人の女の子」とか「フランス人の若くてかわいい女の子」とも言える。語順に大きな縛りがないのだ。英語に対応する形容詞と名詞の語順の約束事が日本語にない理由は、こういう実際の例からわかる。そしてこういう例から、程度の差は言語によって大きく異なっているが、言葉はでたらめに今ある形をしているわけではなく、我々が経験するあり方や捉え方が言語全体に反映されているのだ。

　ただしすべてが反映しているわけではなく、あくまで部分的だ。池上（1993: 756）にあるように「有契的（motivated）であるからといって言語が今とっている姿を余すところなく、その「動機づけ」を明らかにして説明するということは望めそうもない」からだ。つまり言語のあるさますべてが人間の認識だけで成り立っている訳ではない。また言語によって認識の反映には差がある。強く反映されているものもあれば、緩い反映の言語もある。英語のように強く反映しているか、日本語のように緩い反映かは、言語によって違うし、反映の仕方も一様ではない。

　英語の、主語と目的語の順序（語順）、動詞と名詞の遠近によるニュアンスの違い、形容詞と名詞の属性による並び方の順序などは、我々が世の中で経験するあり方と一致している。だから、言語の形式と我々の認識は程度の差こそあれ、関係があると言えるのだ。一つだけの関係に見られるのなら偶然ということもあろうが、複数の例でそうなっているのだから決して偶然ではない。こういった例から言語の構造の一部は明らかに経験をもとにして成立していると言えるのである。（何でもかんでも経験が根底となっているわけではないので経験主義ではなく経験基盤主義と呼ばれる。）

32

1.9 さらなる現実の認識との一致の例

　以上のような原則を前提として、これからいくつかの例を見ていきたい。そうすると、これまで述べて来た考えが正しいことがおそらく理解してもらえるだろう。

第1章

● 1.10　過去形と仮定法、そして仮定法と話法

　第3文型を第4文型に書き換えると（動詞が目的語に与える影響の強さの程度という点で）別の文型には別のニュアンスが出ることを見たが、逆に言えば、同じ形式で表されるものには意味的に共通点があるということになる。その具体的な例を見てみたい。

　以下は私が大学院時代にある教官が雑談で話していたことである。最近は論文の盗用や引用に対する目が厳しい。これが論文になっているかどうかわからない。まだなっていないかも知れないが、少なくとも私の説ではないことは述べておく。これまで自分の辿った研究生活の中で心に残っているものを順次紹介しているので書き留めておきたい。特に高校生に英語を教えておられる方には是非とも知って欲しい内容だ。

　我々は英語の文法の授業で仮定法を習う。都会の塾では中学でも教えたことを覚えている。高校になれば誰もが勉強したはずだ。仮定法過去とは参考書に「現在の事実と反対のことを述べる場合、過去形を使う」と説明があるが、現在の事実と反対のことを述べるとき、なぜ過去形にしないといけないのか、その理由までは書かれていない。授業で理由を教えている先生もいるかも知れない。でも理由を明確には答えられない先生も多いのではないかと思う。しかし認知意味論の観点からなら簡単に説明できる。

　たとえば He was a student. という過去形の英文はわかりやすい例だ。日本語に訳すと「彼は学生だった」となる。彼についての話を前後でしていて出てくる文であるが、この文を聞けば、背後に英語でも日本語でも「現在彼は学生ではない」というニュアンスが出る。「彼は学生だった」という文は、今も学

34

1.10 過去形と仮定法、そして仮定法と話法

生である可能性がないわけではないが、普通に解釈すれば、今はそうではないというニュアンスが出る。

文の内容によって程度は違うが、このように過去形は「現在の事実と反対の意味合いを持つ」。だから現在の事実と反対のことを言う場合、過去形にその意味合いが出ることから、過去形が使われる。こういった共通性から、これまで説明されてこなかった関係を明らかにできるのが認知言語学のメリットだ。

結びつきを想像できなかった例と言えば、私には即座に話法の用例が思い浮かぶ。直接話法と間接話法である。話法を我々は高校で習う。以下のような両者の書き換えをよくやったものだ。

He said to her, "Do you have a pen ?"

He asked her if she had a pen.

意味はどちらも「彼は彼女にペンを持っているかどうか尋ねた」だ。上の文が直接話法(実際に彼女に尋ねた文章そのまま)で、下が自分の言葉に置き換えて尋ねた(だから間接話法と呼ばれる)文だ。書き換えの場合、気をつけなければならないのが、相手に尋ねる場合(疑問文のとき)say や said という動詞が ask に、命令文の場合は order になる等の約束事だ。

それはともかく、直接話法の文が疑問文の場合、間接話法に書き直すと if が出てくるが、なぜ疑問文だと if になるのか? もしかしたら学生の時、文法の授業で I don't know if he is her brother.(彼が彼女のお兄さんかどうか私はわからない)のような文を習うが、この if を「〜かどうか」と訳すと習い、そのまま覚えるから疑問を持たないのかも知れない。いずれにせよ高校時代にはそういうものだと暗記して終わる。

しかし意味と形式の間に関係があるという認知言語学の原則から疑問文と仮定法の関係を捉え直してみると、見えなかったことが見えてくる。この考え方

35

第1章

を知っていればこそ、なぜ話法で疑問文が書き換えられる際、仮定法で使われるifが出てくるのかと関連性を見出だそうとするのだ。根底に認知言語学の知識がなければ、両者をにらんで何か共通性はないかと考えようとはしない。

いくつかの例を検討してみると、両者に一つの共通項が見えてくる。疑問文というのは、尋ねる内容が事実かどうかわからないから問うものだ。仮定法も実は同じ意味合いを醸し出すことがある。「もし〜であったら」と訳すのも仮定する内容が事実かどうかわからない場合がある。たとえば「もし彼がそこに行っていたら大変なことになっている」という文は、行ったかどうかの事実がわからない場合に使われる。だから疑問文と仮定法の表現で、ときに意味が共通する場合があることは確かだ。つまり部分的であっても意味的に共通点があれば、相互に同じ形式が使われる可能性があるのである。

比喩（メタファー）の場合がまさにそうだ。比喩というのはあるものとあるものの間の「一部」に共通性があるから同じ語が転用される。比喩のことはあとで少し紹介するが、その場合も「一部」共通するところがあるから使われる。全部が同じわけでは決してない。

ただ、この話法の一部の例同士に共通項を見出だしたといっても、それだけで疑問と仮定を結びつけることはできないと思う方もいるだろう。もっとこの仮説を確実にする方法はないだろうか。

ある。それは高校のときに仮定法の授業でif節のifが省略される場合、次のような書き換えを習った。

  If it were not for you, ＝ Were it not for you, （もし君がいなければ）

  If I should fail, ＝ Should I fail, （万一失敗したら）

授業ではifを省略するときは、主語と助動詞を逆転させると習うだけだった。決して「疑問文の形にする」という説明ではなかった。

36

1.10 過去形と仮定法、そして仮定法と話法

しかしこれらはまさに疑問文の形をしている。つまり両者には意味的に共通するところがあるからこそ、形式も同じものが使われているのである。まさに認知言語学で前提としている「意味と形式は表裏一体の関係にある」という仮説を下支えする例だ。

ここまでが大学院在学中の当時、ある教官から雑談で聞いた話だった。ここから以下は私の考えた説だ。この例に一つ加えると、現実かどうかわからないという点から言えば、その形は疑問と仮定法の関係に限らない。祈願文もそうだ。

May you live long. （長生きしてくれたらなあ。）

祈願もそうであって欲しい、あるいは現実にそうなって欲しいということであって実際にそうなるかどうかはわからない。だから疑問文の形になっていると考えられる。

さらに関連が見出だせそうな例は否定の副詞が文頭に来た場合だ。否定が文頭にくると主語と助動詞がひっくり返り、疑問の形をとる。次のような例だ。

No sooner <u>had she left</u> home than she began to run for school.

（彼女は家を出るとすぐ学校に向かって走り始めた。）

Hardly <u>had she seen</u> me when she ran away.

（彼女は私を見るや否やすぐに逃げた。）

Little <u>did I dream</u> that she was here.

（彼女がここに来ているとは夢にも思わなかった。）

もちろん So do I のような否定ではない例もある。Neither did I のような例からの類推かも知れない。どんな場合にも英語には例外はあるが、肯定のことが起こるのでこれを支持しない人もいるだろう。しかしそのような例があろうと、否定にも疑問文との接点を見出だせる。

第1章

　仮定と疑問は実際にそうであるかどうかわからないという点で共通していた。だから同じ形式が使われた。しかし否定と疑問も別の点で共通性がある。それは反語だ。次のような疑問文は、ときに実際の意味がそこに書いてあるのとは反対の意味を表すことがある。

　　Did I say such a thing ?

　　（僕がそんなことを言っただって？（とんでもない、そんなことは言っていない！））

　よく使われるのは Why don't you 〜という表現だろう。これも否定の形をとっていながら内容は肯定の意味を表している。つまり疑問文は、実際は述べられている内容とは逆の意味（つまり否定）が表現される一面がある。

　文頭に否定の語が来て、以下の内容はそうではないんですよということを言いたい場合、否定の語を使わず、文の形だけで否定の意味を持つように表現できるなら理想的だ。それがまさにこのような表現を生み出しているのである。

　このように多くの文の間で共通性を見出せるのだから、文の形式と意味の関連性を考えることは意味あることだと思う。

　私はこういった内容を英語教育の一分野に取り入れたり、教員間でこれを浸透させていくべきだと思う。教員ならきっと英語の面白さに気付いてくれるだろうから。

　認知言語学の基本的な考え方で何度か述べた「形式のあり方には人間の認識が反映されている」という前提から「形式が同じならば意味的に共通している可能性がある」「形式が違えば意味も異なる」という論につながり、その立場から文を見ると、以上のような説明が可能になる。単に書き換えの際、if が使われるとか、主語と助動詞をひっくり返すという、無味乾燥で機械的な暗記ではなく、英語に潜んでいるからくりを感じてもらえるだろう。少なくとも疑問

1.10 過去形と仮定法、そして仮定法と話法

文と仮定法、疑問と否定のつながりが何も見えてこない暗記だけの英語学習よりはるかによい。

実践的な、使える英語という方向にのみ進んでいるようにみえる英語教育の改革ではなく、英語を通して見えてくる世界、もっと言えば言語の本質に迫る窓口を垣間見せる機会も増やすべきだと思う。会話の流暢さにのみ焦点が当たりがち（にどうしても思えてしまう）な英語教育にはどうしても違和感がある。

高校生は他にもやらなければいけない教科や受験勉強、部活動などたくさんのことがある。だから特別に授業時間を設けることなどできないし、その必要もない。話法や仮定法などの説明をする際に、ちょっとした工夫をして加えればいいだけの話だ。大した時間は取らない。高校生には難しいというなら試験に出さなければいい。しかも今、紹介してきた程度の内容ならおそらくは多くの学生が理解できるレベルだ。試験に必要かどうかという観点からだけの勉強に終始するのはどうかと思う。

今でも英語を勉強すると言えば英文科くらいしか思い浮かばない状況を変えるためにも、そして仕事や就職に直結する実学の勉強ばかりに目が向く傾向のある今の世の中にこそ、こういった勉強があって、まだまだ答えの出ていないことはたくさんある、英語を勉強する、言語を研究することの一部には実はこういうことがあるのだというのを知らしめ、そういう学生を増やして欲しいと思う。

私の友人は英文科を出て一旦別の職に就いたが、数年して母校の大学院に進み、20 年以上も英語の教員をしても、今紹介したことや英語教育に活かせる実践的な分野があることすら最近まで知らなかった。彼のような熱心な教員でさえそうなのだから、失礼ながら他の教員もある程度の想像はつく。

認知言語学が本格的に注目され始めたのは 1980 年代以降だが、こういった

第1章

研究はもうかれこれ 40 年もなされているのだから、英語教育に導入されてこなかったことに何らかの反省や見直しがあってよいように思う。

世の中を見れば医学はもちろん、科学技術面での研究が実際の生活の中に取り入れられ活かされている。携帯電話の普及、パソコンの普及などを見ると一目瞭然で私の学生時代と比較すると隔世の感がある。

しかしこと英語の学習で言えば、参考書を見てみても内容の改善に格段の進歩があったとは言い難い。教師の情熱や話術やどういう方法でいい授業を行うか、あるいはネット上でその特性を活かして英語教育法を行うことには進歩はあっても、理論的側面は置き去りにされている。

英語教育法を浸透させることが悪いわけではない。ただ本当の意味で英語そのものに目を向かせ、知的好奇心を抱かせるには、これまで登場しなかったこういう研究成果を取り入れることも視野に入れていいと思う。

もう一つ、ついでに余計な話を付け加えれば、私が懸念しているのは「グローバル化が進むこと≒国民全員が英語を使いこなせるようになる」という図式は短絡的な考え方ではないかと思っている。

英語をしゃべれるようになるのはそれはそれでよい。ただ人には得意、不得意な分野というのが当然のごとくある。生まれた時はみんな白紙の状態というが、それでも生まれ持っての向き、不向きというのはある。英語ができるといってもその範囲はずいぶん広い。冒頭でも書いたように、英語の通訳や翻訳ができることと、英語を教えるのが得意ということは全く別の能力だ。だから英語教育が実践的である方向にばかりいくのはいかがなものだろう。今紹介したような英語の、あるいは日本語の、ひいてはさまざまな言語の本質に触れる機会を少しだけ取り入れ、深く言葉を思索する人材を育てることだって必要だと思う。

1.10　過去形と仮定法、そして仮定法と話法

　これからの英語教育が多様化するように持って行くことも英語教員の語学改革の大切な一つであり、使命ではないかと感じている。

第1章

1.11 一つの語から見えてくる問題 ——言語間の共通性に関して

　学生時代に疑問に思っていたことが論文のテーマにつながったと言ったが、本論に入る前に、言語学の面白さを知るきっかけになったものをいくつか紹介したい。中学、高校時代に習った内容で、当時感じた疑問と重複するものもある。

　学生時代、決して真面目に授業を受けていたとは言えないながらも、英語の授業で疑問を感じたものはいくつかあった。おそらく多くの人が同じような感想を持ったのではないかと思う。覚えているものを少し挙げてみる。

　John is old. という文は「ジョンが年をとっている」という意味だが、John is older than Mary. となると「ジョンはメアリーよりも年上だ」という意味で、ジョンが年をとっているという意味は消え、意味が変化する。old が相対的な年齢の意味に変化するわけだが、なぜそうなのかということになると、簡単には説明がつかない。John is nine years old.（ジョンは9歳です）とか How old are you ?（あなたおいくつですか？）のように、old の前に何か修飾する語がつけば、同じように絶対的な意味は消え、相対的な意味に変わる。

　大学院に入って興味を引かれたのは、英語では形容詞と呼ばれる対立する概念のスケールにおける約束事だ。この場合、必ず大きい表現が単位の基準となる。たとえば日本語の「長い　短い」「強い　弱い」「広い　狭い」は、それぞれの概念を中立的に意味する場合、「長さ」「強さ」「広さ」というように、大きいスケールを表す言葉が基準となり、それぞれ「長い」「強い」「広い」という意味は消えてしまう。英語も同じで、「long — short」「strong — weak」「wide — narrow」は、それぞれ大きいほうが基準となっていて、単位を表す

42

名詞は「length」「strength」「width」である。

この事実と関連しているのかどうかわからないが、「天気」という語も二つの意味がある。単に「天気はどうなの？」と言う場合は、天候の種類全部を包括的に意味するが、「天気です」という場合、曇りや雨でなく、晴れを意味する。天気が中立的な意味を持つ一方で、使われ方によっては晴れの意味になるのはなぜなのか。対照的な言葉が決して公平に機能しているわけではないことも関連しているのだろうか。

「父親」という言葉に、どういう言葉を連想するかと聞くと、大半は「母親」という言葉が返ってくる。しかし「母親」という言葉にどういう反応があったかというと、「父親」ではなく、「やさしい」であった、という調査が何か書いてあったことを思い出す。形容詞の単位を表す名詞の選ばれ方がそうであるように、対照的な意味を持つ言葉が、必ずしも対等に存在しているわけではない。

こういう現象を見ると、別の語の例も浮かんでくる。これも普段意識しない、言われなければ気付くことのなかった、言葉の裏に隠れている法則だ。それは前置詞の from（〜から）と to（〜へ）である。

from や to は中学でも出てくる対照的な前置詞だが、不思議な現象を見せる。少しだけ紹介しておきたい。（以下の内容は『「する」と「なる」の言語学』（池上：1981）に詳しい。『「する」と「なる」の言語学』は示唆に富んでいるので、このあとの項でも内容の一部を紹介したい。これはこの本の内容に最後まで関係している。）

前置詞は普通二つ並べて使えない。これは中学のときに習うし、二つ並んで使われる例にはあまりお目にかからないから、文法が苦手な人も何となく理解しているだろう。私も英語の授業で指導上困った経験がない。on や in のように前置詞と副詞の両方の品詞を持つものが、たまたま並んで使われることはあ

第 1 章

るし、二つの前置詞が一つとなった into のような語はあるが、これは別問題だ。ところが from だけは他の前置詞と一緒に使われるときがある。

　　The rat ran from behind the curtain.

　　（ネズミがカーテンの後ろから走ってきた。）

　他の前置詞と違って、別の前置詞と一緒に現れると言っても、from がどんな前置詞とも結びつくわけではない。だから数少ない例をそのまま受け入れ、時間に余裕のない受験生なら暗記で許されるのも当然だ。しかし何度も強調するが、こういった普通のふるまいをしない例にこそ、言語の本質が隠れているようだ。中学に入ったら習う Where are you from ? のような簡単な文も同様だ。この from も他の前置詞（at や to）に比べると、特別なふるまいをしているからである。どのような点で特別なのか？　これは学生時代に習ったことを冷静に考え直すと、自分がいかにわかったつもりで見過ごしてきたかを痛感させられる例でもあった。

　中学の早い段階で学生は where という語を習う。先生によっては文法的なことをその際教えない人もいるかも知れないが、習う学生は疑問副詞と習う。辞書にもそう書いてある。

　なぜ副詞なのか？　その説明は以下のように、二つの文が対応関係にあるからだ、と教えられたように思う。

　　Where are you going ?（あなたたちはどこに行くのですか？）

　　We are going <u>to the restaurant</u>.（私たちはレストランに行きます。）

　上の文の文頭の Where の返答として対応している下線部は to the restaurant だ。to という前置詞と the restaurant という名詞を合わせた語句は、going という動詞を修飾している。動詞を修飾するものは副詞と呼ばれ、2 語以上からなるものは句と呼ばれるので副詞句だ。それに対応するのだから

44

where は副詞なのだ。(ちなみに What do you want ? に対する答えが I want apples. であることから、what は apples という名詞に対応している。だから what は疑問代名詞だと習う。)

この理屈で、同じように Where are you ? (「あなたはどこにいるのですか?」の意)という疑問にこたえる文として、I am in the office.(私はオフィスにいます)という答えを想定すると、where は in という前置詞と the office という、二つの語に対応するので副詞である。だから Where are you ? という文は、これ自体で正しい文だ。しかし Where are you from はさらに from がついている。Where are you ? とは意味が違う。from がついている文は次の文と意味が近い。

Where do you come from ?(あなたのご出身はどこですか?)

from が特別な前置詞であると述べたのは、where が疑問副詞なら、この場合も先ほどの The rat ran from behind 〜 という文同様、前置詞が二つ続いていることになる。Where には既に前置詞に相当する語が含まれているからだ。Where に疑問代名詞(つまり名詞という品詞)があれば問題ないが、特別な使われ方(the where and when of 〜 という表現が辞書に掲載されている)以外、where に名詞はない。

疑問詞が疑問代名詞なのか疑問副詞なのか(つまり名詞なのか副詞なのか)と問題になる例がある。

What time is it ? It's 5 o'clock.(何時ですか? 5時です。)

What time do you go to school ? I go to school at 8 o'clock.

(何時に学校に行きますか? 8時に行きます。)

上の文では what time に対して単に 5 o'clock という名詞が対応している。しかし下の文は at 8 o'clock という副詞と対応している。したがって what time は、ある時には名詞、ある時には副詞、である。つまり名詞と副詞の両

45

第 1 章

方に位置するような存在なのだ。Where が名詞とも副詞とも考えられる例も
ないわけではない。

　　　　Where are you going to ?

　この文で where を副詞と考えると、文法的には誤りとされるが、実際の会
話では to をつけて使われることがある。ジーニアス英和辞典（大修館 2015
年第 2 刷：2379）によると、本来不要な to や at が付与される例（Where are
we at ?）とあり、間違った用法なので書く際には to や at は書かないように、
との記述がある。したがって辞書の説明では Where are you from ? と Where
are you ? の where の品詞を文法的に説明できないのであるから、前者の
where を代名詞とし、where には名詞と副詞の両方があると考えればいいのに、
そうなっていないのはなぜだろうか？　それは次のような事実と関連があるか
らだろうか。

　前置詞の中には語として表れていなくても、意味が隠れている場合がある。
to や at だ。なぜなら我々はこれらの前置詞を無意識に前提としているからで
ある。誰に教わることもなく自然とそのように捉えているのである。以下の論
は池上嘉彦氏が私の大学院在学中に授業で教えていたものだ。（『英文法を考え
る』にも記載がある。）

　たとえば「私は京都から行きます」「私は京都に行きます」という二つの文
を比較すると、前者は文章として未完成で、どことなく座り心地の悪い表現だ
と感じられる。どこに行くのか（到達点）があらかじめ会話の流れからわかっ
ていれば、日本語ではこのままでも使えるが、普通は京都からどこに行くのか
が明示されないと、文が完結していると感じられない。

　一方、後者はどこから行くかを言わなくても、特に情報が欠けているとは感
じられないし、特別な事情がない限り、気にならない。自分が普段住んでいる

46

ところ、働いているところから行くという前提が、無意識にあることも影響しているからだろう。

「父親」と「母親」という表現が、必ずしも対等な反応を見せるわけではないこと、「大きい　小さい」という対立する概念も、決して対等な関係にあるわけではないことは触れたが、出発点を意味する「〜から」（from）と、到達点を表す「〜へ」（to）も決して対等ではない。

言葉には表現しなくても問題ないもの、必ず表現しなければいけないものがある。なくてもいいのは、自然とその意味に解釈されるということだ。実際、いくつかの文では、「〜に」（to）が省略されて出てこないこともある。たとえば高校で我々は次のような二つの文のうち、上の文を下のように受動態にすると、to が出てくることを習った。

　　They made Lucy go to hospital.（彼らはルーシーを病院に行かせた。）

　　Lucy was made to go to hospital.（ルーシーは病院に行かされた。）

また help という動詞は to があってもなくてもよい用法がある。

　　They helped him（to）go to school.

　　（彼らは彼が学校に行くのを助けてあげた。）

この場合の to は、前置詞ではなく不定詞だが、語源的には共通していて、ある方向に向かっていくという意味合いを持つ。（だから I remember to post this letter.（私はこの手紙を投函することを覚えておきます）は I remember posting this letter（私はこの手紙を投函したことを覚えている）と違って、to があるとこれから投函するという意味になる。）to が省略されたり、表面に出てこない性質があることは、このようないくつかの例からもわかる。

ただそういう性質があるからといって、どんな場合でも、自由に to が省略されていいわけではない。そういう性質を持っていても、固定化された表現の

第 1 章

場合は必要だ。

　先ほど挙げた Where are you going？は「どこに行っているの？」という日本語訳になるが、訳からわかるように、where の中に含意されている前置詞は「に」に当たる to である。繰り返すが、省略できるのは、なくてもその意味になる、わかっているものに限られる。だから to はなくてもいい性質を持っているとも言える。逆に言えば、to とは反対の関係にある from はきちんと述べなければならない性質を帯びていることになる。

　この二つの前置詞に対応する日本語も、同様の現象を見せる。日本語で「どこ行くの？」という表現は「どこ<u>へ</u>行くの？」「どこ<u>に</u>行くの？」という、to に当たる「へ」や「に」が省略されていることがわかるだろう。また英文の Where are you？（あなた今どこにいるの？）という文は at に相当する前置詞が隠れているが、日本語でこの at は to と同じ「に」という訳語となる。もちろん同じように省略されている。

　英語でも to と at が意味的に関係あることは、現在形の場合と現在完了形を見るとわかりやすい。Where are you？という文を現在完了形にすると、Where have you been？となる。訳は「どこに行っていたの？」だ。質問に対する答えは次のように to が出てくる。

　　　I have been to the shop.（店に行ってたよ。）

　つまり時制が変化すると at から to に変わる。

　from が他の前置詞と一緒に使われることができるのは、我々が無意識に解釈してしまう方向、あるいは前提としていることとは逆の意味を持つからだ。すなわち、明示する必要のある情報だからである。明示しないままでは、絶対に意味が出てこない。だから省略できないのだ。

　日本語も同じだ。先ほどの Where do you come from？を訳すと「どこか

48

1.11 一つの語から見えてくる問題――言語間の共通性に関して

ら来たの？」となる。省略して「どこ来たの？」とは言えない。そう言うと「ど
こに来たの？」という to にあたる（日本語では「へ」「に」にあたる）解釈に
なる。しかも from と to はさらに用法を見てみると、次のような現象にもつな
がっていることがわかる。日本語では「私は彼にこの本をもらった」という表
現ができるが、これはもともと「私は彼からこの本をもらった」という表現か
らきている。「から」は、ある場合には「に」に変えて使うことができる。

　しかし「に」が「から」になることはない。英語でも最近は different from ～
（「～とは違う」という意）が different to ～ と使われることがあるようだ。（特
に英国では。）もちろん、理由は今述べた性質と関連している。

　ちなみにこの問題も人間の認識と関係がある。人間には二つの目があるが、
二つが同時に別々の所を見られるわけではない。見る所は一点だ。その生物学
的な特徴が二つのうち、どちらを優先して世の中を捉えるかということと関連
しているのである。これも背後に人間の認知と関係があることから、認知言語
学の観点から考察できる内容だ。

　from の例外的な表現から、文法的な問題、対照的な意味を持つ to との関係、
日本語、英語という違った言語間で見られる共通点など、たった一つの語でも
いろいろな問題につながっていることがわかる。興味ある人は是非とも『「する」
と「なる」の言語学』をご一読いただきたいと思う。

　ほんの少し基本的な言葉の現象を教えるだけで、言葉に対する興味を持たせ
ることもできるし、奥深さを知らしめることもできる。正面切ってアクティブ
ラーニングという表現で大々的にカリキュラム改正して導入しなくても、目の
前にころがっている問題を紹介し、応用するだけで「答えのない問題に取り組
む」教育はいくらでもできそうだ。答えのない問題など各教科に山ほどあるの
だから。

49

第 1 章

　余計なことを言わせてもらえば、アクティブラーニングの教育を受けていない教師がそういうものを簡単に教えられるのか、という大問題がある。これは読解や文法中心に勉強してきた教師に、いきなり「英語で授業を行え」というのに似ている。なぜそんな無茶な話が降って湧いたのか、ご興味ある人は英語教育がどのような変遷を辿って決まったかがわかる『英語教育、迫りくる破綻』(2013) を参照されたい。

1.12 個別言語の特徴
　　　―「する」と「なる」の言語学―

　一方、今見たような日本語と英語の共通点ではなく、両言語の相違がよく見える例もある。その代表的な場合が対訳だ。それはそれぞれの言語傾向がよく反映されるからだ。

　たとえば Where are you going ? という文を日本語に訳す場合、よくよく考えると少し不自然であることがわかる。直訳すると「あなたはどこに行くのですか？」だ。

　しかし実際の会話でそんなふうに言うのは極めて限られた場合で、おそらく日常会話なら「あなた」を言わないのが普通だ。それに「あなた」を言う場合を思い出してみると「あなた、どこ行くの？」のように、文の主語として使うというよりは呼びかけみたいに使うだろう。

　訳のような日本語文を使うとしたら、他の文と対立関係になるような内容がある時に使われる。つまり「連休、彼は京都に行くみたいだけど、あなたはどこに行くのですか？」のように。だから直訳的なこういう訳は特別な場面に限られる。

　そもそも日本語では主語を省略して言う（あるいはもともと主語がないと考える）文もある。新幹線に乗って到着駅が近づいてくるとアナウンスされるのは「まもなく京都に到着いたします」「まもなく京都です」のような表現だ。その際に新幹線内のテロップに流れる英語は次のような表現だ。

　　We will be stopping at Kyoto in a few minutes.（making a brief stop at
　　Kyoto とか arriving at Kyoto のような場合もある。）

第1章

この例も池上氏がしょっちゅう講義で出していた例だ。

『優しい日本語』（清：2007）という本には、外国人が日本語を勉強する際、かなりやっかいなことが多いことをいくつかの例から説明しているが、それによると「あなた」という言葉は親しい人に呼びかける、上から下に対して、あるいは公共広告で不特定多数に呼びかけるくらいしか使われない（2007：189）とある。したがって「you が使える範囲はとても限られている」ということ、そして「you にあたる言葉をわざわざ言わなくても、文体の体を使い分けることで「you」が誰かが自ずと伝わる言葉である」と述べている（2007：190）。先ほどの「まもなく京都です」という例を考えても、主語は言わなくても意味は十分伝わる。

池上（1981）では日本語は主語に限らず、さまざまな面ではっきり明示せず表現する言語だと指摘している。たとえば名詞の単数、複数の区別は英語では必須だ。an apple か apples のどちらかで表現しなければならない。しかし日本語なら「りんご」と言えば済む。

しかもはっきり明示していることさえもぼかして表現する傾向がある。「大根を二本ほど下さい」のような例や、確信を持って述べられる内容まで「今日は寒いみたい」と断定的表現を避け、ぼかして、やわらかさを出す。

はっきり表現しないのは、単数複数の問題や名詞や動詞に付加的につけるぼかした言い方に限らない。動詞が結果を含意するかどうかという点でも日本語と英語は対照的で、ここでも日本語の曖昧性が出る。たとえば日本語では「昨日彼に電話したけど彼は外出中だった」と無理なく言えるが、これをそのまま英語にするとおかしな文になる。

　　I called him up yesterday, but he was out.

なぜなら英語では called him up（彼に電話した）と表現したら、相手が電

52

話に出たことまで意味するからだ。つまり日本語は行為の結果に対しても曖昧で、電話に出たか出なかったかまでの意味を含んでいないが、英語は結果まで含み、解釈が一義的に決まるのだ。

日本語に比べ、英語は言葉そのものに具体的意味を盛り込んで意味を明確にする方向に発達した。一方の日本語は言葉自体に曖昧さを持たせ、状況や、話し手の知識、教養を手掛かりにして、受け手側（聞き手側）に意味を汲み取ってもらう方向に発達したのである。この相反する傾向が言語構造全体に広がったため、英語文と日本語文は一対一にならない。その言語特徴がわかれば、日本語では英語のように必ずしも主語を要求されるわけではないこと、さらには短歌や俳句のように、限られた字数の言葉から意味を読み取る文化が発達していったことまで見えてくる。

日本語のように、曖昧な特徴が言語構造の中に組み込まれると、世の中のものの見方にも影響する。主語を言わないでも、まわりの状況から主語が想像できるのが日本語の特徴だったが、これ以外の効果も生み出す。結論から言えば、主語を明示しないことは、行為をした人が不明確となり、ある事態が自然と生まれるという意の「〜になりました」のような表現につながるのだ。主語となる語は普通、行為を行う人が典型であると John kicked the ball の語順を説明する際に述べたが（そしてそれは日本語の場合も当てはまるのだが）主語を省略する文があるということは、行為を行う人を表に出さないということにもつながる。それはある出来事が自然と出てきたという表現を生み出すことの後押しになる。

列車の駅構内のアナウンスで「事故の影響で列車の時刻を変更しました」という表現が使われることはまずない。おそらく「事故の影響で列車の時刻が変更になりました」というように「なりました」が使われる。この表現のほうが

第 1 章

やわらかな表現で、まわりの方々のご理解や力添えがあって事態が成立するというニュアンスが醸し出されるからだ。

主語が明示される例でも「私たち結婚します」より「私たち結婚することになりました」という方が日本人好みなのは、まわりから祝福されている、支えられて事態が起こったという感じが出てくるからである。池上氏が、よく授業中に、日本語の「自ら」という語は「みずから」とも「おのずから」とも読むことから、自分が行う行為も自然の成り行きと密接に結びついていることを述べていたことが思い出される。「まもなく京都に到着いたします」という文から、主語が必ずしも必要ではない日本語の特徴一つとっても関連を辿ってみると多くのことが見えてくる。

主語を必ず要求する英語は「行為を行う」つまり「～をする」という表現が多くなることから「する」的な表現が言語表現の基本にあり、日本語は（「する」的な表現ももちろんあるが）自然とそうなったと捉える「なる」的に表現することが好まれる言語であることから、池上氏の本のタイトルが『「する」と「なる」の言語学』と名付けられている。今述べた内容はこの本の中のエッセンスの一部である。

これを少し補足しておくと、英語は「する」的な言語であるが、「なる」的な表現も当然ある。ただ、「なる」的な言い方は become のような動詞を使って表現することもあるにはあるが、実は日本語の「なる」的な表現に相当する英語の表現とは、英語の受動態だと、以前指導して下さった教官の一人から聞いたことがある。

英語では能動態と受動態で知的意味が違う例文があった。（29 ページに紹介している。）Many students read few books. と Few books are read by many students. の例だ。前者は能動態であるから、多くの学生が何をするかを述べる、

54

まさに「する」的な文であるから「多くの学生はほとんど本を読まない」という行為を意味しているが、後者は受動態で、few books がどうなったか、を表した文である。つまりほとんどの本はどう「なる」のか、ということを述べているのだ。少し無理矢理「なる」的に訳せば「ほとんどの本は多くの学生に読まれなくなっている」という意味なのである。だから意味が違ってくる。

　「する」的に捉える言語か、「なる」的に捉える言語かで、世の中の見方が変わることは簡単に紹介したが、それと同じで、同じ言語内でも「する」的、「なる」的に、ある事態を表現すると、このような意味の違いにつながってくる例もあるのである。

　ちなみに、感情を表す表現は人が主語になるが、以下のように過去分詞形のあとの前置詞は by ではなく、他の前置詞が使われる。

　　I am surprised at 〜.　　I am excited at（about）〜.

　　I am interested in 〜.　　I am astonished at 〜.

　　I am pleased with 〜.　　I am frightened at 〜.

by では「〜によって〜される」というニュアンスが加わってしまうが、at や in、with のような前置詞なら、その感覚は消える。しかもこのような使われ方になると、動詞が過去分詞というより形容詞的感覚に近くなり、日本語訳に当たる「驚く」「興味が湧く」のような自然発生的な訳となる。池上氏が受動態に by がつく割合は、日本人が思っているほど多くないというのを授業でおっしゃっていたことを思い出す。つまり英語にとって受動態は「なる」的な表現と言えるのである。

　from や to のように、英語と日本語の共通性が見える場合もあれば、対応する文を訳し、関連を探ると、正反対の言語特徴や言語傾向が見えてくることもある。また from や to の使われ方の用法を見ると人間の物事の捉えかたには癖

第1章

があることもわかる。その癖は人間が現実を認識することと切り離せない特徴が反映されている。つまり人間の認識が言葉に映し出されていると言えるのだ。

これが認知言語学と呼ばれる理論言語学である。

1.13　言葉によって起こる外界の認識の違い

　言語には人間の認識が反映されている例を紹介したが、人間が認識している以上、そこには恣意性（偶然性）も入り込んでくる。語弊を恐れずに言えば、たまたまそのように分類されたということだ。そこに理屈はない。

　よく引用されるのは虹の色の例だ。日本人は虹を7色に分けている。だから連続している虹の色を7つに区切って見る。ところが欧米の文化圏では虹は6色だ。別の分け方をしている言語もある。色というのは赤がだんだん薄くなると橙色になりそれが黄色になり黄緑色になり緑、青と連続して変化しているがそれをどう区切るかは文化によって違う。このことから、世の中に絶対的な区分はないということや、同じもの、状況を見ても、言葉が違うとその言葉に従って解釈しようとするため、外界の見方、区切り方が異なってしまう。

　これは単語における例だが、日本語と英語の性格が異なると、ものや状況を言葉の性格に影響されて捉えることが起こる。

　次の文は池上氏がNHKの番組（シリーズ日本語というタイトルで1991年2月25、26、27日に放送）で取り上げた例である。川端康成の「雪国」を紹介したのだが、冒頭の一文からイメージする「雪国」は英語と日本語でずいぶん違う。

　　　国境の長いトンネルを抜けると雪国であった。

　この日本文を英語に翻訳する場合、翻訳者は主語を補わなければならない。日本語には主語のないほうが普通の文もあるが、英語では必ず主語が要求され

第1章

る。我々は中学、高校で5文型というのを習うが、必ずSがどの文型にもあった。Sがないのはせいぜい命令文の場合くらいだ。

　以下の英語訳は、日本語に精通しているエドワード・G・サイデンステッカー氏（1921-2007）によるもので、次のような訳がもっともこの日本文に対して自然な英語とされている。

　　The train came out of the long tunnel into the snow country.

　しかし日本語、英語それぞれの文を通じてイメージする風景には大きな違いがあるようだ。この本を読んで下さっているみなさんが、日本文から読んで浮かべるのはおそらく、自分も列車に一緒に乗っていて、暗いトンネルの中にいる感覚があり、列車の進行方向の先に白く見えるトンネルの出口に近づいていくにつれて出口がだんだん大きくなり、列車がトンネルを抜けた瞬間に、真っ白な雪景色がパッと広がるイメージを持つ人が圧倒的に多いのではないか。実際、私が多くの人達に聞いた経験でも大半の人がそのようなイメージを抱くようだ。

　ところが英文に直し train を主語にすると、列車に乗っているイメージはなく、白い雪で覆われた山々の情景を思い浮かべ、山の一つのトンネルから列車が出てきたというイメージを持つ人が多い。客観的にこの事態を見ていて、書き手と自分との一体感はないようだ。

　主語のない日本語文と、主語を必要とする英語文では、文を読んで想像するイメージが全く違うことになる。これは言語で世の中の捉え方、見方が変わってくることを提示した典型的な例だ。

　このように言語によって知らず知らずのうちに我々のものの見方が自然と決められてしまうことも起こっている。これも認知言語学分野の研究の一つだ。

1.14　もう一つの認知言語学における重要な考え方
―プロトタイプという概念―

　所有構文の分析に入る前に、認知言語学の枠組みで分析するなら説明しておかなければならない大切な前提がある。プロトタイプ、プロトタイプ効果という概念だ。これは認知言語学関係の基本書の類いならどの本にも記述されているし、必ず目にする言葉なので、あとの分析に関係ある程度に紹介しておきたい。

　「同じ形式で表されるものであれば、その間の用例には何らかの共通性がある」と述べた。それはそうなのだが、重要なことは、同じ形式で表されるからと言って、形式で表される表現すべてが同等の地位にあるかと言えば、そうではない。同じ形式で表されるものにも典型的なもの、周辺的なもの、その中間段階のもの、と段階性がある。

　語の場合を考えてみるとわかりやすい。前に説明したのが色彩の例だ。赤という色も、真っ赤からだいだい色に近い赤までその範囲には幅がある。決して赤と呼ばれるものすべてが同じ色であるわけではない。そしてだいだい色に近い赤よりも真っ赤に近い赤を多くの人が「より赤い」あるいは「典型的な赤」と言うだろう。

　認知言語学の入門書によく出て来た例が鳥の概念だ。鳥と聞いて思い浮かべる代表例はある程度国によって決まっている上、あらゆる鳥が対等に思い出されるわけではない。思い出しやすい鳥とそうでない鳥がいる。大半は、よく見かける、多くの人が知っている鳥だ。日本人ならツバメやスズメ、カラスあたりがまず出てくる。ただし多くの人が知っていると言っても、鶏が一番に挙げ

59

第1章

られるかどうかは疑問だ。なぜなら鶏には飛ぶという鳥の持つ典型的な特徴が
ないからだ。それもあってペンギンやダチョウ、フクロウを鳥の典型として思
い浮かべる人はいない。すぐに思い浮かんでも、言葉に出すのを躊躇する人も
いるかも知れない。

　このように一つの語でくくられているものでも典型例と非典型（あるいは周
辺的という）例が存在する。プロトタイプとは日本語に訳すと、典型例という
意味である。そして典型的な例と非典型的な例との間には段階がある。

　形式も語と同じだ。同じ形式（文型）で表されている文でも、その形の持つ
特徴にぴったり合う内容の文とそうではない文がある。わかりやすいので英語
の第3文型を例に取る。

　この文型は他動詞文で、主語が目的語に影響を与える動詞がその典型（プロ
トタイプ）となっている。なぜ主語が目的語に影響を与える内容が典型的なの
か？

　第3文型は二つの間に起こる出来事、あるいは状態や状況を表す文型だ。で
は出来事、状態など、さまざまな意味を表すものの中で、どんな性質を持つ内
容が典型かと言えば、抽象的なことではなく物理的で具体的な内容だ。目に見
えるもののほうが、見えないものより基本であることが理由の一つ。もう一つ
は第3文型というのは二つのものを言語化する場合に使われるが、着目する二
つが対等に目立つわけではない。もし対等ならそれら両方を主語にする形式を
取る。二つに差があるから一方が先に来る。人間の認識（ときには意識）が根
底にあって、それを言葉にするのが認知言語学の基本だからである。そうなる
と二つの間に起こる出来事とは、目に見えて、一方（S）が別のもの（O）に
何らかの働きかけを行う構図が典型的なはずだ。目に見えない二つを文章化す
ることが非典型的であることは、あとで少し紹介する比喩の例からも明らかだ。

60

1.14　もう一つの認知言語学における重要な考え方 ―プロトタイプという概念―

これは直感的にそう思ってもらえるだろう。

　そしてＳの典型は何かと言えば生物（特に人間）だ。その理由は、人間は人間に一番関心があるからだ。自然にものが落ちて、偶然他のものに影響する（行為に当たる）こともあるが、二つの間で一つの出来事が起きる場合の大半はＳの働きかけがある。

　一方の目的語であるＯはどうか。Ｏは行為を行ったＳの影響を受けるものだ。その点から言えば、Ｏは人か物かはわからない。しかし語順が決まるのは何度も書いたように、より目立つものとそうではないものとの格差で順序が決まる。そうだとすると、動くものに着目する人間の性質から語順の説明を行ったことを考えると、二つの語の間に差があるほうがよい。だからＳは人を中心とする生物で、Ｏは生き物ではなく物ということになる。

　ではこのＳＶＯの文型はＳが人でＯが物の場合のみの表現を担うのかといえばそうではない。だからこそプロトタイプという概念を取り入れる必要がある。典型例はＳが人、Ｏが物だが、ＳＶＯで表される内容は多岐にわたる。Ｓが人であるどころか物で、Ｏが物でなく人という逆の場合もある。

　一番に思い浮かぶのは物主主語と呼ばれる文（たとえば The rain prevented us from going out.（「雨で我々は外出出来なかった」という意味）や It surprised me. など（amaze、astonish、frighten、excite、interest、please なども同様）人間の感情に関係する文だ。なぜこのような反例がこの文型で表されるのか。またこれらは本当に反例なのだろうか。

　同じ形で表される文の間に何らかの共通性があることは、第３文型と第４文型との間で、間接目的語に動詞が与える意味の影響や、話法の書き換えの際に、疑問文と if が出てくるところでも見た。この場合にも共通のものを見出せないだろうか。

第1章

　先ほど挙げた文の一つは人間の感情に関係するものだが、It surprised me. の例の「驚く」という感情は、よくよく考えれば、自然に湧いてくる場合もあれば（主体的に感情が起こると言えばいいだろうか）、突然何かが飛び出してきたりしてビックリさせられる、外からの要因によって感情が引き起こされる（したがって受動的と言えばよいかも知れない）場合がある。

　第3文型の典型的なS、典型的なOの点から言えば、Sが物でOが人であるこの例は全くの逆だ。しかしSがOに対して働きかけを行う、つまり自然と湧き上がる感情ではなく、物や事が人を驚かせる状況との解釈が成り立つなら文として共通性は出てくる。そういう意図でSとOが選ばれ内容を伝えようとしているなら、SとOの語自体は典型的な名詞からは外れるが、文型が担っている性格が活かされていると言うことができる。それは英語の持つ本来の言語特徴とも合う。英語は自然と感情がわきおこったという「なる」的な表現ではなく、何かが事態を引き起こすという表現を好む言語であるからだ。

　逆に言うと、形式がある意味合いを帯びるので、その形式を使えば、形式が帯びた意味を醸し出すということだ。たとえば Why do you think so ?（なぜそんなふうに思うのですか？）という表現より What made you think so ?（何があなたにそう思わせるのですか？）という文の方が、訳の通り、そう自分に思わせる何らかの力が働いている意味合いが出る。

　最初に述べたように、例文にも段階性があり、多種多様な意味を一つの形式が担う。鳥という言葉が典型的な鳥から、鳥とはなかなか言い難い鳥まで含むように、他動詞構文のSVOも John kicked the ball. のような物理的に目に見える典型的な行為から She loves him. のように love が物理的な意味でも精神的な意味でも使われる点で典型例から少し外れるもの、さらに She ignored him. のように、行為が物理的というより精神的度合いが強いものまで幅広くあ

62

1.14 もう一つの認知言語学における重要な考え方 ―プロトタイプという概念―

る。これらは行為を意味するからまだ典型的な例文とつながりはかろうじてある。

　しかし段階性では説明がつかないものもある。よく挙げられる一つがresemble（似ている）という動詞で、行為とは言えない意味を持つ動詞である。これなどは意味と形式の間に表裏一体の関係があることを理論的に突き詰めれば、動詞として存在するより形容詞として存在すべき内容の動詞だ。（池上嘉彦氏もいろいろなところで述べている。）こういう動詞をどう取り扱うかは認知言語学の視点からは大問題である。なぜこのような動詞が存在し、しかもSVOの形式で表されるのか？　という疑問だ。この問題に関しては答が出ていない。答えにはなっていないが、可能性としては次のようなことが考えられる。

　言葉はどんどん変化していくものだ。その間、一つの法則を一定程度保持し、一定の平衡を保ちながら言語全体は存在する。だからどんな時々にも変化する限り例外は生まれてくる。そしてそういう例外が次の変化へのきっかけになることだってある。完全なまでにきっちり固定しているなら、言語に変化は起こらないだろう。その意味で、例外はあっても大まかな言語の方向性や一定の法則が指摘できれば、その理論は有効であると私は思う。

　もう一つ重要なことは、我々が世の中のものやことを認識して言語化する際、記憶力の点から、ある程度の違いは無視してまとめることが必要だ。言葉からイメージすることの中に、典型的なものから非典型的なものまで段階的になってしまうことはもちろん、当てはまらないものがその範疇に入ることだって起こる。そもそも世の中をカテゴリー化する（分類する）のは人間が勝手にやっている行為で、世の中の存在物は人間がきちんと分類できるよう存在しているわけではない。人間の都合でできているわけではないのだから。このことに関

63

第1章

して少しだけ触れておきたい。

　我々の身の回りにはさまざまなものがあるが、一つ一つすべてに名前がつけられているわけではない。よく池上氏の授業で聞いたのが、歩いている道に生えている草や石に名前はつけない。それは我々の記憶力の軽減をはかることと、我々にとって意味があるかないかとの理由からである。一つ一つ名前をつけてもそれらすべてを記憶することはできそうにない。また意味のないものにまで固有の名前をつける必要もない。名前は区別することに意味があるからつけるのであって、区別が重要でない、必要でないものはそもそも分ける必要がない。道に生えている草はよく見ると同じではない。植物学者が調査しているような状況でもない限り、区別するのは一般の人にとって意味はない。だから違った種類の草であっても分類せず「雑草」という言葉で一括りにする。魚釣りに出かけた人が、狙った魚以外のものを雑魚（ざこ）と呼ぶのも似た事情だ。ある魚だけを釣ることを目的にした人にとって、それ以外の魚は区別する意味がないからだ。

　我々は一人一人名前があるが、それは一人一人が違った存在価値を持っているからである。犬なら、自分の飼っている犬は他の犬とは別の意味や価値があるから固有の名前をつける。動物園で話題になる人気者の動物にペット同様、個別の名前がつけられるのはその動物が他の動物と違う特別な意味合いを持つからだ。

　しかし無生物の場合はどうだろう。文具がいくつかあるからと言ってそれらにわざわざ固有の名前をつけることはしない。名前は他と区別する必要があるからこそつけるものだ。したがって仕事によってはその重要性が違ってくるものもある。漁業に携わっている人にとって、同じ種類の魚でも大きさによって違う名前をつけるものがある。日本では鯛だ。同じ魚であっても大きさによっ

64

1.14 もう一つの認知言語学における重要な考え方 ―プロトタイプという概念―

て価値に違いが出るので分類するのだ。エスキモーの人が食料にする雪と家を作るのに使う雪、それぞれの用途に応じて違った言葉を使うと聞いたことがあるが、それは彼らにとって特別な意味があるからである。

ただし、分類はすべて意味があるから現在の分類になっているとは言えない面もある。意味や価値に関係なく（分類した時には重要な意味があったのかも知れないが）それぞれの文化で恣意的に分けられているものもあるからだ。先にもあげたのが虹の色だ。色彩というのは連続していて、真っ赤からだいだい色、黄色、黄緑色と、最初からきちんと区別が存在しているわけではない。そのため色の分類は文化によって違っている。日本では7色に分けられている虹も、アメリカでは6色。この分類に必然的な（確かな）意味があるかと言えば疑わしい。

また色が分けられていても色に幅があることは言った通りだ。黄色と言っても薄い黄色もあれば濃い黄色もある。それに同じ色であってもまわりにある色の影響で（あるいは光の加減で）、それが濃い色に見えたり薄い色に見えたりすることもある。同じ長さの線でも両端に違う線をつけることで、長さが違って見える錯覚は、我々が中学や高校の授業で習ったはずだ。心理学の授業などでもさまざまな錯覚を習う。そんなことから言葉というのは、ある程度の幅を持ちながら使われている。

同じ語で表されている対象物の多くに幅があるように、同じ形式を使って表されている文にも、形式が持つ意味合いとぴったり当てはまるもの、そこから多少離れているもの、そしてかなりずれるものが存在するのだ。

これから見ていく所有構文にも、形式にぴったり合う典型例から、形式が担う意味関係から外れ、周辺的と判断される例、例外と呼んだほうがよいものまで存在する。だから同じ形式で表されている表現には共通したものはあるが、

第 1 章

段階や例外はある。そのため、表現する形式が少なく限られると、かなり周辺的なものまで含まざるを得ないのは仕方ないことかも知れない。

以上で述べたことの中で、これからの分析に必要な考えは二つだ。

1）ある形式で表されれば、その形式が担う意味合いを帯びて（引っ張られて）解釈されること

2）用例は限られた形式の中で表現されることから、段階があるのはもちろんのこと、例外も一つ残らず説明できないといけないとまでは言えないこと

1）は B of A の A と B の間の意味合いの場合、必要な考えだ。2）は A's B の例との関連で指摘しておきたい。

第 2 章

第 2 章

● 2.1 所有構文の問題点

　以上で生成文法と認知意味論の根底にある違い、認知意味論の基本の一部を説明した。それを前提として英語の所有構文に入る。

　もう一度言っておくと、英語の所有構文とはこの本では A's B、B of A という二つの形式を指す。A's B は英語では possessive genitives と訳され、B of A は of-genitives と呼ばれる。A's B の具体的な例は my book（私の本）、Tom's car（トムの車）のような例だ。My も Tom's も所有格と言われる表現で、A が固有名詞の場合、's のようにアポストロフィーエスがつくので A's B と表す。

　一方の B of A とは the leg of the table や a cup of tea、また a friend of mine のような例で「名詞 of 名詞」の形式で表されるすべての例を言う。だから the leg of the table のように B に定冠詞のつくもの、a cup of tea のように B に不定冠詞のつくもの、a friend of mine のように A にアポストロフィーエスのつく所有代名詞のものがある。また最後の方で取り上げるが、この二つとは別に AB という形式もある。たとえば goat milk（ヤギのミルク）や music teacher（音楽の先生）のような表現だ。

　高校の時、ある A と B の関係をどの形式で表現したらよいかわからなかったと述べた。特に A's B と B of A はペアのように取り扱われる。一体なぜなのか？　その理由は両方の形式で表現できるものが数多くあることだ。既に出した例なら Lincoln's assassination VS the assassination of Lincoln や the train's arrival VS the arrival of the train などの例だ。

　しかしやっかいなことに、一方の形式しか使えない例もある。my dog VS *the dog of me や *the table's leg VS the leg of the table のような例をはじめ、

68

いくつかの例は一方でしか表現できない。（* の印は、普通の用法では使われない、認められない例を指す。）なぜある表現は一方の形式でしか表せないのか？そしてなぜいくつかの表現は両方の表現で使われるのか。英作文をしようにも迷ってしまう。確信が持てないのだ。

学校の授業で教えてもらった理由は、A's B の A には生物（基本は人間）がきて、B of A の A には無生物が来るという説明だった。

これですべてを解決できるわけではないが、この説明はある程度までは正しい。確かにかなりの例がそのようになる。先ほどの例の my dog は大丈夫だけど the table's leg は駄目というのはこれだけを見ればそうだ。

また the train's arrival VS the arrival of the train の例も、何となく説明がつきそうなのだ。無生物ではあるが、列車を意味する train は動く。動くという性質は生物に準ずるものとして捉えられるなら、範囲を少し広げれば理屈はつく。先ほどプロトタイプのところで、典型的なものから非典型的なものまで、形式や語が受け持つ表現には幅があり、段階があることを説明した。その範囲に収まれば認めるという方法を我々は取る。したがって、非典型的ではあるが典型例の拡張と捉えられれば、この例は説明がつかないわけではない。

しかしこれでは到底説明がつかないものも結構ある。たとえば B of A の A には無生物が来るというが、この説明からすると the dog of me という表現が駄目だというのは当てはまる。（ただこの表現が駄目なのはその理由からではない。）なぜなら B of A の A に人が来ても大丈夫な例はたくさんある。すぐに思い浮かぶ例なら、有名なジャズのスタンダード曲で「all of me」というタイトルの曲がある。ビートルズの曲に「two of us」（『Let it be』というアルバムの１曲目）という曲もある。さらに「私が描かれている絵」という英語は my picture とも a picture of me という表現も可能だ。B of A の A には、想

第 2 章

像している以上に人を表す語が来ることができる。人称代名詞の them は物も人も指す。だから the majority of them とか one of them とか all of them の them が人だったら、これも反例になってしまう。この表現の可否は them が人か物かで使い分けられたりはしない。

一方、A's B の A には生物（人）が来るというが、無生物が来る例もある。すぐに思い浮かぶのは所有格の関係代名詞とか指示代名詞だ。たとえば

I live in the house whose roof is red.

I live in the house. Its roof is red.

（私は屋根が赤い家に住んでいる）

この文はもともと I live in the house. という文と The roof of the house is red. という二つの文を一つにしなさいという問題で、よく学校で習う。I live in the house the roof of which is red. とも書けるが、A's B の形を使ってこういうふうにも書けるし、二つの文にして所有格となると Its roof is red. となる。A は明らかに無生物だ。しかし A には人が来るというのならこれらの説明ができない。

そして一番問題なのが日時の表現だ。two days' journey、today's newspaper という表現だ。前者の表現は A's B の共通する特徴を持つ表現の例から Taylor は除いているのだが、いずれにせよこれらの例になると A's B の A は人かそれに準じる生物のような特徴を持ったものである、などという説明では無理がある。日時の表現は人（生物）とは関係ないからだ。動くという性質から A を拡張するのは不可能だ。（これを試みたこともある。あとで紹介する。）

この現象を認知言語学の考えを前提に説明していこうというのが、この本の趣旨である。

ワープロもまだ普及していない 1970 年代後半に大学に入学した。当時はタ

イプライターというのがあって、英文をタイプで打つと間違った英語なのにそれらしく見えてしまう錯覚を起こした。友人が上智大学の新聞学科に入り、文章をタイプで打ったところ、自分の文章とは思えない立派なものに見えたと言っていたことを今でも覚えているが、まだそのような名残のあった時代だった。自分で書いた絵も立派な額に入れて立派な部屋に飾ると、それなりに見えてくる錯覚のようなものである。

　大学院のとき、その分野では著名な先生の書いた本を批判することなど出来るはずもなかった。恐れ多いことだったし、そもそも研究を長年して実績をあげているからこそ、文献を参考にしているのだ。その先生の論に間違いはないだろうという憧れと尊敬の念が、どうしても批判的に考える心を奪ってしまっていた。それゆえ書物もキリスト教徒にとっての聖書みたいな感覚に陥っていた。その書物の一つを紹介することから、所有構文の話を始めたい。

第 2 章

2.2 分類に関して
―主に Michael Swan、Quirk et al.―

Michael Swan が書いたオックスフォード実例現代英語用法辞典という、研究者の間でよく使われている辞典がある。私が大学院生だった頃から現在まで大きな書店であれば必ず目にするし、母語として直感を持ち合せていない教員なら信頼できる資料として重宝する辞典の一つだ。その改訂最新版（2000：381）と第 3 版（2007：678-680）を参照しながら、A's B にはどういった用法があるのかを紹介したい。

Swan はこの A's B の用法を 6 つに分類している。1）から 6）までを差し障りのない範囲で簡略化し、重要なところを書き出すと次のようになる。

1）A's B の形式は、いくつか異なった種類の概念を伝えるのに用いられ、所有、関係、身体的特徴、性格、非身体的特質、測定数値などである（2000：381）として my father's house ＊the house of my father（冒頭の ＊ の印は容認されない例を示す）に始まり、第 3 版では改訂最新版にいくつかの例を加えて、およそ次のような例を挙げている。

　（所有、関係、身体的特徴…と記載していることから、挙げられている例は順番になっているのであろう）my father's house（所有）、Mary's brother, Alice's friend（関係）、Peter's eyes, the cat's ear（身体的特徴）、Scotland's climate, the company's management, girl's story（非身体的特徴）他にも John's letter, the government's decision の例が挙げられている。測定数値の例はここには見られないがこれはあとに述べられている。

2.2 分類に関して ―主に Michael Swan、Quirk et al.―

　また人の行為を表す語の場合は、's 構造も of 構造もどちらも用いることができることがある（2007：678）として the Queen's arrival VS the arrival of the Queen, the committee's second meeting VS the second meeting of the committee の例が挙げられている。

　また所有格を指す表現が長い場合は of 構造が好まれるとして次のような例が挙がっている。

my sister's husband（私の妹の主人）

the husband of the woman who sent you that strange letter

（あなたにあのおかしな手紙を送った女性の夫）

2）人、動物、国などの名前を指さない名詞の場合、's 構造の使用は少なく、前置詞（用例は of）を用いた構造のほうが普通であるとして次のような例が挙がっている。

the name of the street,　* the street's name

the back of the room,　　* the room's back

the roof of the house,　　* the house's roof

the top of the page,　　　* the page's top

しかしながら両方の構造が可能になる場合があるとして

the earth's gravity, the gravity of the earth

the plan's importance, the importance of the plan

the concerto's final movement, the final movement of the concerto

the train's arrival, the arrival of the train

などの例が挙がっている。

ここには「不幸にしてこの領域で役に立つ一般規則を作るのは不可能で

73

第 2 章

ある。どちらの構造を選ぶかは個々の表現にかかっていることが多いからである」と記載されている。

3）主語が A に来る例として Joe's brother, the dog's tail, America's gold reserves, the manager's decision が挙げられている。前者 2 つの例は Joe has a brother. The dog has a tail. という文章を紹介している。名詞として表現するとこのようになるという例だろう。

　私の推測だが、's は所有格と名付けられていることから、所有を意味する have 動詞との関連からこういった例を出していると思われる。

4）時間の測定数値として a day's journey の例が挙がっている。

5）時間を表す他の表現として yesterday's news, last Sunday's match, tomorrow's weather の例が記載されている。

6）　worth の例を挙げている。

改訂された（2007）に従って主に紹介したが、Swan（2000：379）に次のように記述がある。

「不幸にして、上の 3 つの構造（3 つとは A's B、B of A、それからこの章でも最後の方に取り上げる AB）の正確な違いは何か、ということは、分析するのが複雑で難しく、これは英文法の中でも最も難しい領域の 1 つである。以下に、これら 3 つの構造について、まず一般的な解説をしたい。380 ～ 382 では少し踏み込んだ解説と相違点を述べることにする。注意してほしいのは、こ

74

2.2 分類に関して ―主に Michael Swan、Quirk et al.―

れからの説明で「規則」（rules）として挙げられているものは、単に一般的傾向を示したものであって、かなりの「例外」が存在する、ということである。ある概念を表すのに、どの構造が用いられるかを確かめるためには、より詳しい辞書に当たる必要がある。」

　認知言語学の勉強をしていなければ（仮にしていたとしても）、長年英語に携わってきた先生や研究者達が信頼し、時代に耐え、生き残ってきた優れた辞典を書いている Michael Swan がこう述べているのを単なる一学生が見たら、余程の自信家でなければ論文のテーマに選ぶのを尻込みしてしまう。私は大学の時は法学部で、しかも卒業した大学には卒業論文がなかったため、論文というものを書いたことがなかった。

　活字になっているものを批判的に見ることに慣れていなかった当時、この言葉がどれだけ強烈なインパクトを与えるか想像できるだろうか。このテーマでは論文は書けないという絶望感にも似た感情を抱いてしまった。

　幸か不幸か、論文のテーマを決める前に「形式が違えば意味も違う」「それぞれの形式にはそれぞれに固有の役割、意味合いがある」という考えを叩きこまれ、この事実を確信していたからこそ、所有構文にも何らかの共通項があるはずだと信じ、取り組めたとも言える。

　もう一つ。論文として所有構文に決めた最大の理由は、他にテーマを捜したが、これ以上に魅力的なものが見つからなかったことだ。形式が担う役割と意味との関係は、当時認知言語学の講義では中心的テーマの一つだった。第3文型と第4文型をはじめとした形式と意味の関係から言っても、所有構文は絶好の材料だった。まだ結論が出ていない、学生時代からずっと心のどこかに引っ掛かっていたこの問題に取り組むのは、この機会を逃すとないと思っていた。

　本当に Swan の言う通り、一般規則を見つけることは不可能なのか。それと

第 2 章

も所有構文にも意味と形式の関係はあるのだろうか。

　もし、ないのであれば、それはある意味で認知言語学という学問に対し、懐疑的な目を向けることになる。対立する考え方を取っている生成文法の研究者の中には、認知言語学など新しく出て来た学問で、単なる「流行りでしかない」という先生方が何人もいたことを経験していた。実際に認知言語学の点からは説明できない事象を語り始め「平見くん、この現象を説明できるか」と問い詰められたこともあった。だから A's B と B of A の形に何らかの形式と意味の関係を見つけることは、私自身の研究者としての立場を否定されない、そして認知言語学が正しい分析方法なのだということを証明する、当時唯一の方法でもあった。

2.3 例外を生み出している要因

　結論を先に言えば、Swan が指摘するように一つの例外も残らず、すべてを説明することはできない。言語にはどのような場合でも反例（例外）となるものが存在することは既に述べた通りだ。それが言語を動的なもの（絶えず変化していくもの）にしている大きな原動力になっているからだと私は思っている。例外のない法則など言語にはほとんど存在しない。例外のない法則はグリムの法則という音変化だけだと、これも大学院時代の、ある先生がおっしゃっていたことを覚えている。（グリムはあのグリムの童話で有名な人だ。）だからそんなことを言語に求めることこそおかしい。例外はあっても、Swan が考えるよりもずっと意義のある程度に一般化できる。それに例外は例外として認めたいというのが私の立場だ。だからといって典型例と例外との間の関係を探る姿勢を放棄するわけではない。両者の間に何らかでも関係が見出せるものなら見出したい。そうすると例外と言われる用例を説明できるものも多い。

　ただ、例外を無理やり説明しようとして、おかしな方向に進みたくはない。気をつけていても、その方向に考え、自分自身がその罠に陥ってしまう危険性はある。

　能動態、受動態という形式、第3文型と第4文型の形式は、それぞれ果たす役割があるからこそ両方の形が存在している。一つの形式で十分なら二つ存在する必要はない。どちらかが淘汰されているはず。並列して存在している以上、それぞれに役割があるはずだ。おそらくはお互いを補完するような関係で。

　ただし、形式と意味に強い関係があるからといって、どんな場合でも両者の対応関係がきちんと守られているわけではない。他の要因が影響して形式が担

第 2 章

う役割と意味との関係が崩れてしまう場合だってある。

　this が「今日」の意味で使われる次のような表現は他の要因が影響している例と言えるだろう。「今朝」「今日の午後」「今日の夕方」「今夜」は、英語でそれぞれ this morning, this afternoon, this evening, tonight という。「今夜」も this night と言ってよいように思うが、なぜ最後の tonight だけが this night ではないのか？

　それは night が day という語と強い対応関係を持つため（night & day という表現は聞いたことがあるだろう）today という語が強く意識され tonight という表現が選ばれたということなのだろうと思う。歴史的な経緯はともかく this で統一されなかったのは別の語の存在（つまり別の要因）が対応関係の邪魔をする要因となったと推測できる。だから何かが法則を崩すことはある。そういう例を以下で挙げる。

2.3.1　例外となる例　衝突する二つの要素のいくつか

　A's B と B of A の間の交代に他の要因が影響する一つが長い語や節は後ろに置かれるという特徴だ。It 〜 to や It 〜 that の構文もその一種と見なしてよい。その影響で意味と形式の本来の関係が崩れ、表現されるべき形式ではない形で表現されることになる。そのような例までそれぞれの形式の本来の用法としてしまうと、形式と意味の関係が見えなくなってしまう。そういった例の場合は、特殊な例として最初から除いておかなければならない。

　Swan の分類の１）で所有格を指す表現が長い場合は of 構造が好まれるとして、次のような例が挙がっていた。(p.73)

　　　my sister's husband

　　　the husband of the woman who sent you that strange letter

AとBの名詞はいずれも人、Bは同じhusbandである。だからAとBの間の意味関係は同じだ。違った形式で表す要因はない。（実際 the husband of my sister とは言えない。）しかし関係代名詞のついた下の文が許されている理由は、Swan が指摘しているように、A's B の A に当たる名詞が長いので B of A の形式が選ばれたに過ぎない。このことからも A と B の意味関係だけが形式の選択を決定しているわけではない。

所有構文とは離れるが、これに似た別の例を紹介しておきたい。語が長くなると後ろに置かれるのはこの例に限ったことではない。第3文型と第4文型はそれぞれの形式で醸し出す意味が異なっていることは先に紹介した。

しかし意味の違いを表す為だけに両者の形式があるわけではない。以下の例のように第4文型と呼ばれる SVOO の間接目的語の O（下線を引いている O）が長い場合、上の文である第3文型の SVO を使うしかない。間接目的語があまりにも長いと、直接目的語の O にあたる情報（この場合 a picture）の処理に影響があるからだ。池上（1991：66）に次のような例が載っている。

I showed a picture to the man who sat next to me on the train.

I showed <u>the man who sat next to me on the train</u> a picture.

S　　V　　　　　　　　　O　　　　　　　　　　O

下の文は音調等、特別な配慮がないと困難であるとの指摘から、実際は上の表現しか出来ない。だからこの場合、文型が醸し出す意味的な区別をすること自体が不可能である（1991：66）。動詞が目的語に与えるニュアンス（文型がもたらす意味的特徴）よりも、文の内容を把握し易く表現する方が優先するのだ。これは my sister's husband で見たように、意味と形式の約束事より内容を把握する容易さのほうが優先されるのと同じだ。形式が担っている特徴以上に重要な要因が浮上すると、意味と形式の関係が崩れることになる。

第 2 章

また次のように関係代名詞節だけがあとに置かれる場合もある（1985：66）。

We called the tiny monkey which had a moustache Footle.

We called the tiny monkey Footle which had a moustache.

（私たちは口ひげのあるその小さな猿をフートルと呼んだ。）

この性質は第 3、第 4 文型に限ったことではない。主語が長い場合には It 〜 that、It 〜 to の構文で表現されたり、以下の例のように、主語の内容を詳しく述べた that 節が文の最後に置かれる例（名詞句からの外置変形で extraposition と呼ばれる）など、英語にはこういった表現方法がさまざまな所に浸透している。

The word spread that the Beatles gave away money to the singers which had a brilliant tarent.

（ビートルズが才能あるシンガーに金を出すという噂が広まった。）

The fact is known to everybody that the moon revolves around the earth.

（月は地球のまわりを回っているという事実は知られている。）

下の文はもともと The fact that the moon revolves around the earth is known to everybody. である。しかしあまりにも主語が長くなるので、後ろに置かれたのだ。

この性質が英語全体に浸透していることを考えると、ある条件になると A's B の代わりに B of A の形式が使われるのも理解できる。それに同じような傾向が他の例で起こっているのに、所有構文だけ起こらないと逆におかしい。あとに長い情報を置くことがいろんな例でパターン化しているのは、文の理解が英語話者にとって容易になるからだろう。

したがってこれらは根拠のある例外とみなし、通常の用例とはカウントしな

い。

　A's B の A が長ければ B of A が使われる例を、別の例を参照しながら見たが、意味と形式の間にある関係を取るか、それとも言語に浸透している全体的傾向を取るか、どちらかが優先せざるを得ない事情から、全体の傾向が優先された例である。

　余談だが、このように二つの要因がぶつかりあうことは他にもある。次の二つの表現が両方可能なのも二つの力が働いているからだ。

　　　Do you mind me opening the window ?

　　　Do you mind my opening the window ?

「窓を開けてもよろしいでしょうか。」という意味の文だが、上の文で mind me になっているのは「私」を意味する名詞が動詞の目的語の位置にあるので目的格となっている。一方、下の文は opening the window の opening が動名詞であり、動名詞という「名詞」であることから、名詞にかかる所有格の可能性も残っているから my が使われている。

　もちろん I love my house. という文の場合は、方言でもない限り me になったりしない。それは house が典型的な名詞だからだ。しかし opening the window は典型的な名詞とは言えない。だから動詞の格の影響も受ける余地が残っているのだろう。そのため二つの表現が可能となっている。

2.3.2　個人による差

　個人、地方、あるいは国によって用法が違う例というのがある。年代や時代によって変化する場合もある。以下のような表現は、イギリス英語では認められないが、アメリカやオーストラリアの一部では可能だと言う人も中にはいるようだ。

第 2 章

The house's windows, the house's roof, the car's door, etc.

　イギリス英語に比べ、アメリカ英語、オーストラリア英語は用法が比較的緩いということもあるのだろうか、何人かのネイティブに以前聞いたところ問題がないという人もいた。これはそれぞれの地方の用法（方言にあたるかも知れない）ということもあるだろう。

　個人によっても許容範囲は違う。日本でも「この日本文は正しいか」という一般の人達に問うテスト（インフォーマントテストという）で正しいかどうかの判断に差が出るのを時々経験するが、標準的な使い方と異なる表現を真正面から受け止めてしまうと混乱することもある。だからブロークンな表現や個人で容認度が異なるような例は排除する。そのためにも Swan のような定評のある英語用法辞典の例を参照することは大切なことだ。

　このような例は説明がつく。しかし説明がつかない場合もある。そこでどのような例を慎重に扱わなければならないのか。

２.３.３　固定化している慣用句（イディオム）

　私がこの所有構文をテーマに選んだときに、既に取り組んでいた研究者は当然のごとくいた。生成文法の立場から分析を試みている人ももちろんいたが、認知言語学的なアプローチで所有構文を一番詳細に分析していたのは、私の知る限り、John Taylor というイギリスの研究者だ。研究者としての分析の確かさと、扱っている内容の深さから、参考文献としては避けて通れない。

　Taylor（1989b）が分析から外している例がある。その例はのちに紹介するとして、まず以下のような表現は取りあえず例外として除きたい。イディオム化している表現だ。Quirk et al.（1985：325）には例として次のようなものが挙がっている。

82

2.3 例外を生み出している要因

a）edge the water's edge, the river's edge

　　end   at his journey's end, at his wit's end

　　surface   the water's surface

　　for-sake for charity's sake,   for God's sake

b）length   at arm's length

　　reach   within arm's reach

　　throw   at a stone's throw

　　worth   their money's worth

　a）はB of A でも書き換えることのできる例である。b）はこのままの形で
しか使えない。これらを除くのは、今日の一般的な用法とかなり違っているか
らである。

　またSwan の挙げているいくつかの人間の行動に関するものは、数は多くな
いが（the plan's importance のような例）例外で、これらは説明のしようがな
い。これは最後の最後に述べたい。

　A's B の形式の用法がSwan 以外ではどのような関係を担っていると記載さ
れているのか。重要な参考となる辞典を紹介しておきたい。

83

第2章

2.4 なぜ認知言語学の分析のほうが 従来の方法より優れているのか？

Michael Swan の辞典には、信頼できる用例や語法が掲載されていたが、先ほどの固定化した表現を参照した Quirk et al.（1985）も信頼性の高い用例を掲載している。これによると、A's B は以下のように8つに分類されている。

1　possessive genitives　　Mrs. Johnson's passport

2　subjective genitives　　the boy's application

3　objective genitives　　the family's support

4　genitives of origin　　the girl's story

5　descriptive genitives　　a women's college

6　genitives of measure　　ten days' absence

7　genitives of attribute　　the victim's courage

8　partitive genitives　　the baby's eyes

しかし Taylor は、Swan や Quirk et al. の分類を評価していない。その理由の一つは Quirk et al.（1972）では当初8つの分類ではなく、5つの分類だった。なぜ13年後の版で、分類が8つから5つに変化したのかわからない。1の例は所有（possessive）と分類しているが、7や8もAとBの関係は have を使って文にできる。（Mrs. Johnson has a passport. The victim has a courage. The baby has eyes.）しかも所有という概念は定義が曖昧である上、定義自体が難しい。

また所有が A's B の中心的な地位にあり、それ以外は周辺的な用例であると

84

2.4　なぜ認知言語学の分析のほうが従来の方法より優れているのか？

述べているが、中心的な用例と周辺的な用例が、どのような関係にあるのかについては何も述べられていない。A's B は所有構文と呼ばれるだけあって、所有を意味する例が中心的な地位にあるという直感のようなものは我々にもあるが、それが他の用例となぜ結びついているのか、どう結びついているのかの説明がないのだ。

認知言語学による分析の長所は、まさにこの点にある。同じ形式で表されている以上、用例の間には何らかの共通性があるという点から、バラバラに見える例の関連性を見出せるからである。それは用例を包括的に理解する大きな手助けとなる。一つの例を挙げたい。

我々は中学で現在完了形を習う。この用法には完了、経験、継続、結果という４つがあると学生時代教えられた。

しかしなぜこの４つなのか？　４つがなぜ共通しているのか、我々はそのことに「重点を置いて」学生の時に教えてもらっただろうか。残念なことに、私の場合は丸暗記に近い形で４つを覚え、ある副詞がつけば継続の用法になり、この動詞の場合は経験になると、数少ない定番の用例を試験に備えて暗記しただけだった。なぜこの４つなのか。それを説明できるのが、まさに認知言語学のアプローチだ。

語弊を恐れずに言えば、現在形は現在のこと、過去形は現在とは関係のない過去のことを表すが、現在完了形は過去と現在を結ぶ時制なのだと教えられる。参考書にもそう書いてある。

ただ、書いてあることを覚えても仕方ない。理解しないと意味がない。参考書に書いてあることを文字通り想像して考える必要がある。過去と現在を結ぶとはどのようなものがあるだろう。一つは過去と現在の間に「経験」したこと。それから過去からずっと現在まで続いている「継続」。そして過去からずっと

85

第 2 章

現在までやったらこうなってしまったという「結果」。そして過去からずっと現在までやって、今ようやく終わったという「完了」。過去と現在を結ぶあり方は考えてみれば、この4つのパターンしかないことがわかる。だから現在完了はこの4つに分けられているのだ。現在完了の本質を教えれば、学生は完了形についての理解度が増すはずである。

　認知言語学のアプローチは、この例のように用法の背後にある共通性を明らかにすることだ。現在完了形は過去から現在の間を結ぶ、考えられ得るあり方、つまり完了、継続、経験、結果なのである。

　英語のような、形式が重要な意味を持つ言語は、形が意味を担っていると理解していれば、have ＋過去分詞の形式で表されている以上、そこには共通のあり方があると考えてよい。あとは動詞が持つ意味から継続になったり、経験になったり、結果になったりするだけの話である。

　そう考えると、所有構文も同様だ。現在完了が4つに分類されるように、所有構文も分類されているが、いくつに分類されようと、その背後には共通した特徴があるはずなのだ。

　一見別々に分けられた用例をつないでいる本質が背後には必ずあるというのが、まさに Taylor が所有構文 A's B でやろうとしたこと。つまり認知言語学的アプローチなのである。

2.5　A's B に関しての共通性

　最初に A's B に関しての共通性（認知言語学では共通性をスキーマと呼ぶが、以降出来るだけわかりやすい語句を使いたいので共通性と記す）を見ていきたい。

　John Taylor（ジョン・テイラー）という学者が、所有構文（A's B）に関しては詳細な研究を行っていると述べた。もともとは 1989 年に出された論文で以下の要点を発表し、その後 1996 年に本にして出版し、詳細な分析を行っている。その中のエッセンスをここで紹介する。したがってこの章は Taylor、そして日本人で所有構文を研究していた一人の、早瀬の論文を追加的にまとめているだけで、私自身の論はないことを断っておきたい。

　Taylor は A's B を次のような 5 つに大きく分けている。1　動詞派生名詞の関係、2　親族関係、3　部分全体関係、4　日時の表現、5　所有関係だ。まずは英語で a relation of a deverbal nominal と記載されている 1 の動詞派生名詞について紹介する。侵略するという意味の invade という動詞を例に取る。この動詞の意味を考えると、主語にあたる「侵入する何か」と、目的語にあたる「侵入される何か」の二つが思い浮かぶだろう。たとえば The army invaded the city（軍が街を侵略した）という文に見られる S と O のようなものである。この文を名詞にすると、名詞化した invasion と、主語の the army、目的語の the city の三つが思い浮かぶ。だから invasion を修飾する A も、この二つの項のどちらかだ。つまり the army's invasion、あるいは the city's invasion の二つになる。

　Taylor は動詞派生名詞の関係の意味を広く取り、単に動詞を名詞化しただ

けでなく、侵略者を意味する invader などもこの関係に含めている。だから雇うという動詞の employ は employment という名詞だけでなく、「雇い主」「雇われた者」を意味する employer や employee などの派生名詞もここに含む。John's employer とか John's employees という表現（それぞれ「ジョンの雇い主」「ジョンが雇っている人たち」の意）も入るということだ。以下のような表現も同様である。

> the child's growth　the president's death　 the girl's laughter
> （子供の成長）　　　（社長の死）　　　　　（女の子の笑い声）

　動詞派生名詞と名前をつけてはいるが、Taylor は形容詞が名詞化したものもここに含めている。たとえば次のような例だ。

> the boy's intelligence　　　the girl's beauty
> （その少年の知性）　　　　（その女の子の美しさ）
>
> the president's credibility　the country's wealth　etc.
> （社長の信頼）　　　　　　（その国の富）

　動詞や形容詞は基本的にどれも抽象名詞だ。だから多くは何かに関する、あるいは何かに付随するため、その元となる名詞 A が思い浮かぶ。大概は抽象名詞の背後にある（大半は具体的な）ものが想起される。だからこの分類に含まれる例は結構多い。

　次に挙げているのが２の親族関係だ。A relation of kinship という英語の表記になっているが、Taylor はこの関係も広く取っていて、決して文字通り「親族だけ」ではない。典型的なのは John's father（ジョンのお父さん）とか Tom's sister（トムのお姉さん）のような表現だが、John's friend（ジョンの友人）となると、既に親族ではない。さらにこの関係に含まれるのが、人と人の関係だけでなく、人と関わりのある会社や、社会のさまざまな協会、公共団体機関

などだ。次のような例である。

the society's president　　the University's Vice- Chancellor

（（協会の）会長）　　　　　（大学の副学長）

the company's managing director　the club's treasurer　etc.

（会社の取締役）　　　　　　　　（クラブの会計士）

複数の人間で運営、経営されるため、人としての性格を持つからだろう、日本語でも文字通り、法人（学校法人とか社団法人とか）という、人として扱われるため、大半がAに来ることができる。

　次が3の部分全体関係だ。部分というのは全体と本質的な関係にある。部分の名前（Bに当たる）を言えば、必ず全体が思い出されるはずだ。たとえば指という語を聞けば、手や足が必然的に思い出されるようなものだ。次のような例はすべて部分全体の関係である。

John's hands　Mary's hair　　　the cat's fur　the ship's funnel　etc.

（ジョンの手）（メアリーの髪）（猫の毛皮）　（船の煙突）

それから4の日時の関係だ。次のようなBは日時の点からBを見ることが大半だ。

yesterday's events　　this morning's car crash

（昨日の出来事）　　　（今朝の自動車事故）

tomorrow's weather　　today's newspaper　etc.

（明日の天気）　　　　（今日の新聞）

なぜ日時の表現がA's Bで表すことができるのかは問題で、他の例と性質が異なっている。これについてはあとで述べる。そして5の所有関係だ。

John's book　John's records　John's house　John's train　etc.

順に見てみると、まずJohn's bookは「ジョンが書いた本」「ジョンについ

第 2 章

て書かれた本」「ジョンが持っている本」等で、いくつかの解釈が可能である。
John's records は、たとえばこのジョンがジョン・レノンのようなアーティス
トだった場合、「ジョンが持っているレコード」の他に「ジョンが作ったレコー
ド」とか、人に関する知識に左右され、いくつかの解釈が出て来る。John's
house なら「ジョンが所有している家」の他に「ジョンが住んでいる家」「ジョ
ンが建てた家」等だろう。John's train にも「ジョンが所有している列車」の
解釈は可能であるが、実際は列車を所有することは通常、状況としては出てこ
ないので、「ジョンが乗っている列車」あるいは「ジョンが乗った列車」等が
普通の解釈である。

　以上の内容からもわかるように、所有関係の最大の特徴は、その前に挙げた
4つが固定化した訳しかないのに対し、所有関係だけはいくつもの解釈が可能
なことである。その解釈は我々が普段経験する上であり得る関係だ。そしてそ
の訳がはっきりと決まるのは文脈に置かれてから、である。単に表現を見ただ
けでは可能性はたくさんあって絞れない。

　そしてこの所有関係が、A's B の形式で表される関係の中で典型的なものと
されている。どういう場合にも所有の意味が出てくること、言語習得の点から
言えば、所有の意味から子供が習得していくこと、そしてネイティブにも所有
関係が A's B の典型的なものであるという直感がある等、さまざまな理由が挙
げられている。

　ではこの5つの関係すべてに共通するものは何か。それを Taylor は「A に
は B を特定する特徴がある」と結論づけている。(ただし2つ例外があると、
最初に断った上で。) この主張をよりわかるように述べているのが早瀬 (1993:
145-146) で、次のような例を挙げて、Taylor の主張をより確かなものにして
いる。

*the city's road　the city's roads　the city's best-paved road

　最初の表現は * がついていることからわかるように、間違った表現だ。「街
の中の道路」と言っても、どの道路かがわからない。A's B の A は B を特定
するために置かれる語だから、置かれても特定できないならその意味がない。
しかしこれを二番目の例の roads のように複数にすれば、「街にあるすべての
道路」を指すわけであるから、A はその役割を果たすので正しい表現となる。
最後の the city's best-paved road も「最もよく舗装された道路」と、特定の道
路を指すので正しい表現になる。したがって Taylor が指摘したように、A's B
の A は B を唯一特定する（uniquely identified）という性質を持っている。

　Langaker（ラネカー）はこの A's B の A を reference point と言って、B を
特定する際の目印になるもの（landmark という語をつかっている。今では日
本語になっていて、ランドマークタワーという高層ビルを知っている人もいる
だろう）だと述べていて、A と B の間には顕在性（どれくらい目立つかとい
うこと）に差があるという特徴を指摘している。A's B の例に見られる共通性だ。
たとえば国分寺という地名はいたるところにあるので、国分寺だけでは、どこ
の国分寺かわからない。そこで高松の国分寺と言えば、複数ある国分寺の中か
ら特定されるわけである。この場合、高松が A となっている。大切なことは、
特定する場合、B よりも知られているものでなければいけないということだ。
地名を言っても、どこかがわからないようでは A の役割を果たさない。だか
ら A には B よりも顕在性の高いことが要求される。つまり一般的によく知ら
れた、あるいはよく目立つものでなければ A にはなれないということだ。だ
から A には基本的に人間（生物）が来る。人間は人間にとって一番関心のあ
る対象だからである。また身を守るのは、攻撃して来るような動く存在のもの
が大半だ。食糧も、狩りなら動物が対象になるから、動く物に関心が向く。い

第 2 章

ずれも生物学的に当然だ。そのような特徴が A には宿っていることから、A は人間を中心とした生物となる。

Langaker の指摘した顕在性の共通性はこうだ。所有関係なら、所有する A に人が来て、B には典型的に物が来る。人のほうが物よりも目立つので顕在性に差がある。

親族関係の場合、B は何かを前提とした表現だ。たとえば、父親という言葉は子供という存在の A がいて、初めて使われる表現だ。A が B の表現の前提となっているのだ。だから A が基本的な存在となる。数年前に元ビートルズのポール・マッカートニーが言った言葉は参考になるだろうか。彼にはステラ・マッカートニーという娘がいて、世界的に有名なデザイナーだ。ある時「あなたがステラのお父さんですか。」と言われ、今では若い人達にとっては自分のほうが知名度が低くなっていることに驚いたという。だから A に来る人がより顕在性が高いということだ。

動詞派生名詞の場合、A はおよそ具体的な存在のもので、B は抽象的な内容だ。行為を行った者のほうが抽象的な行為よりも目立つのが普通だ。具体的なものと抽象的なものなら、具体的なもののほうが顕在性は当然高い。

部分全体関係も同様だ。我々は普通、全体を一つのものとして捉えている。部分がつながりあって全体を構成しているとは見ない。全体から部分に目が行く。だから全体の方が顕在性が高い。

しかしここでも Taylor と同じ問題がある。日時の関係である。日時というのは抽象的なものである。だから日時のところで見た例の car crash や newspaper のように、具体的なものが B で、A に日時のような抽象的な内容が来るというのは、本来の A's B の例からすると、おかしいということになる。

また所有関係が典型ということになると、他のいくつかの関係の延長上とし

て、動詞派生名詞、親族関係、部分全体関係、日時の関係が来ることになる。どの関係の A も所有関係からの延長となるので、人、生物という特徴から A との関連を見出そうとする。しかし日時だけは基本的に人とは繋がらない。これをどう考えるか、というのが日時の表現 A's B の最大の問題で、私も最後まで悩まされた。

　これに関してはあとで見ることにしたい。

第 2 章

2.6 B of A に関して

次に B of A という形式が、どのような特徴を担っているのかを検討する。
まずは A's B ではなく、B of A でしか表現しない例を挙げる。どちらの形式
でも表現できるものでは特性が見えてこないからだ。右側の * はこれまで同様、
認められない例であることを示している。

the beginning of the century   *the century's beginning

the back of the bus   *the bus's back

the end of the film   *the film's end

the foot of the mountain   *the mountain's foot

the edge of the mountain   *the mountain's edge

the middle of the night   *the night's middle

the top of the page   *the page's top

the outside of the box   *the box's outside

all of 〜   each of 〜   any of 〜   either of 〜 both of 〜   none of 〜
many of 〜   most of 〜   some of 〜   more of 〜   much of 〜   those of 〜

the rest of 〜   portion of 〜   half of 〜   one-third of 〜   the whole of 〜
40% of 〜   part of 〜   the proportion of 〜   the majority of 〜
the minority of 〜   the remainder of 〜   a bit of 〜   etc.

2.6 B of A に関して

一番上の段の例は、順に「世紀の始まり」「バスの後部」「フィルムの最後」「山のふもと」「尾根」「夜の最中」「ページの上部」「箱の外側」と、意味は全体と一部の関係であることがわかる。真ん中の段の例も多くが全体の一部、大部分を意味しているものだ。

ただし all of 〜 や both of 〜 はそうではない。B の all や both は、〜にくる A という名詞そのものを指している。同様なのが、下段の the whole of 〜 だ。これについてはあとで説明する。

しかしそれ以外の例で共通しているのは、A と B が部分と全体の関係になっているということだ。実際、詳細に例を見ていくとわかるように、A と B の関係は少しずつ特徴が異なりながらも、部分全体関係の変形と言えるような内容ばかりである。

以下で順に例を見て行くが、便宜上いくつかに分けている。実際には他の分類と重なっているところもあるし、この分類が絶対なわけではない。捉え方によっては別々に分類したものが同じところに分類される場合もある。それだけ相互に関連性が強いものも多い。もっと言えば、便宜上の分け方であろうと問題ない。それが従来の分類より認知言語学的分析のほうが優れている点だ。

2.6.1　形あるものの部分全体関係の例

A が無生物で A、B とも具体的なものである場合の例だ。

最も典型的な部分全体関係と言える。

> the leg of the table　　the arm of the chair
>
> the roof of the house　the window of the apartment house

それぞれ訳は上の左より「テーブルの脚」「椅子のアーム」下の左より「家の屋根」「アパートの窓」である。

第2章

2.6.2 一方がもう一方の特徴や中身を表している例

　　　a man of ability　a man of letters　a man of tact

　それぞれ左から順に「有能な人」「文人」「機転のきく人」という意味だが、Bである a man の特徴や、象徴的な側面を A が意味している。A は置かれる名詞によっては必ずしも本質的性格の内容とは言えないものもあるが、多くは A が B に内在する特徴となっているので広い意味での部分全体関係である。

2.6.3 容器と中身の関係にある例

　　　a cup of coffee　a glass of milk　a spoonful of sugar

　それぞれ「一杯のコーヒー」「一杯のミルク」「スプーン一杯の砂糖」の意だが、これらは二つで一つのものとして認識し、容器と中身のような関係にある例である。最初の表現の a cup of coffee は容器のカップとそこに入っている中身のコーヒーで一つのものとして存在しているのであるから、あるものを一方が包み込むようなものとして外身と中身の関係になり、ここでも部分全体関係が成り立っている。ただ2.6.2の a man of ～ の例も比喩的に取れば、人という容器の中に A という特徴が入ったものであるから共通性はある。

　最初の二つの例のうち、cup は温かい飲み物、glass は冷たい飲み物のときに使われる。これは A に来る名詞の特徴、アイデンティティを部分的に示している。この抽象的特徴が B に内在している例はあとで見る例とも共通している。

　ここで分類はしていないが、二つで一つのものとして認識するものには a pair of shoes などの例もあり、特徴が一致する。

　またこれらは A と B の間で、ある程度決まった結びつきの内容のものが来る。しかし次のように A と B が（ほぼ）決まった動物や生物としか結びつかない、

96

より厳格な関係のものもある。

2.6.4　動物、鳥、虫の群れを表す表現

a flock of sheep　　　　（羊の群れ）（flock は牛、豚にも使われる）

a herd of buffaloes　　（野牛の群れ）

a horde of termites　　（シロアリの大群）

a drove of sheep　　　（羊の群れ）（drove はヤギにも使われる）

a flight of wild geese　（ガンの群れ）

a pack of wolves　　　（オオカミの群れ）

a swarm of locusts　　（イナゴの群れ）

　日本語では動物は一頭、二頭、あるいは一匹、二匹と数え、鳥は一羽、二羽
と、別々の数え方がある。しかし群れに関してそれぞれを区別する特別な単語
はない。一方、英語では動物や虫で、群れに対し独自の呼び方がある。

　大学院時代、ある教官がそれぞれの動物の群れのあり方や動きが動物特有で、
それぞれ独特なものと認識しているから、このような表現があるのだろうと述
べていたことを思い出す。

　日本語で「いななく」という表現があるが、これは馬だけに使われる表現だ。
「さえずる」という表現も小鳥だけだ。馬や小鳥固有の鳴き方が特別な言い方
を生み出したのだろう。

　特定の生き物だけにしか使われないことから「いななく」「さえずる」とい
う表現には、それぞれ馬や小鳥の意味が組み込まれている。同様のことが先ほ
どの a cup of 〜 や a glass of 〜 にも当てはまるが、かなり抽象性の高いレベ
ルでの固定的関係だ。ここで挙げた A と B の間にはさらに密接な関係が存在
している。

第 2 章

　日本語の「一頭」という表現にも、馬、牛、トラ、象など、動物の意味合いが含まれている。その点でレベルとしては a cup of 〜 a glass of 〜 に近い。英語のこの例は B を言うことで、すぐに特定の動物を想起させることから、A という動物のアイデンティティがかなり含まれていることになる。

　B が A という名詞の内容、正体を明らかにしている点では、同格に通じる所もあり、両名詞が重なる程、近い関係を築いている。

2.6.5　AがBを構成している構成物

　　　a house of brick　　　a floor of wood

　順に「レンガでできた家」「木の床」という意味だが、厳密に言えば家はレンガだけで出来ているわけではないだろう。もちろん模型ならそういう場合もあるだろうが、表現は同じで、A は B を構成している中心的な素材、物質である。木でできた床は言葉通り、構成している材料そのものであるかも知れない。いずれにしても B を作り上げているものなので、A と B は切っても切り離せない関係にあるから両者が本質的な関係にあることは間違いない。

　少し話が逸れるが、石で造られたいろいろな形の置き物がある場合、大切なのはその形状だろう。置き物としてどういうものがよいかに価値判断が置かれるからだ。

　しかしある物がダイアモンドで作られている場合には、物の形も大事ではあるが、形よりも材質であるダイアモンドそのものの価値のほうがはるかに高いため、A と B の重要性が逆転することもある。

　A's B に動詞が続く場合（つまり A's B が文の主語の場合）すべての例で B に動詞の単複の一致が起こる。しかし B of A の場合、多くは B に一致するが、あとで紹介する an angel of a lady の例では、動詞の単複が A に一致する。ま

98

た this kind of beer と beer of this kind（数えられる名詞が A にくると不定冠詞が B にくる。たとえば this kind of book は a book of this kind となる）のように、A と B が逆転することが可能な例もあることから、A と B のどちらに焦点があるか、あるいは重要かが捉え方次第で変化する場合もある。あるいは A と B が対等な地位にあるとも捉えられ、それが同格という用法に結びつくようにも思う。

２．６．６　Ｂの中身（内容）をＡが表している例

　　　a picture of me　　a fable of a hare and a tortoise

　順に「私が描かれた絵」「ウサギと亀の物語」という意味だが、A は B の内容、中身を表している。

　次の例も比喩だが、A の内容、中身あるいは見かけが B という意味だ。ただ head noon（名詞の中心）が B ではなく A なので（つまり文の主語になった場合、単複の一致が A になる）中身（内容）の位置が逆になる。

２．６．７　（辞書によっては）同格に位置づけられる表現 ―比喩―

　　　an angel of a lady　　a mountain of a wave

　　　a castle of a house　　a devil of a job

　上の左から順に「天使のような女性」「山のような（形の）波」そして下の左から順に「城のような家」「（悪魔のような）辛い仕事」という意味になる。

　すべて比喩であるが、A と B がイコールの関係として捉えられている。だから両者が重なり合っている。例によってはレベルに差があり an angel of a lady は、天使と女性の風貌なり性格が重なり合うほどなのだろう。表現者によってはその女性をそれこそ天使そのものと置き換えてよいくらいの感情があるか

第2章

も知れない。（これに関してはあとの所で少し取り上げる。）それに比べると a mountain of a wave は、波が山のような形をしているたとえだ。波と山が同じはずはない。悪魔と仕事を同一視するのも同様だが、比喩の場合、AとBの名詞同士の程度には差がある。

　これらの例は、辞書によっては同格と分類していないものもある。それはAとBが比喩的な関係にあり、一方がもう一方の性質なり性格なり特徴を意味しているので、その点では内的な関係と捉えているからだろう。つまり2.6.2と次の2.6.8の中間段階に位置するものだ。

　ちなみにジーニアス英和辞典＜改訂版＞（1994年 p.1238）には項目の3に同格として分類されているが、小学館プログレッシブ英和中辞典（1990年第二版 p.1248）には項目の7で修飾、比喩とあり、項目の11の同格とは区別されている。

2.6.8　同格

　どの辞書にも同格と分類されているのが次のような例だ。

　　　the name of John　　the city of Rome

順に「ジョンという名前」「ローマという都市」という意味だが、まさに名前＝ジョン、都市＝ローマという、両者がイコールの関係で結べるものである。一方がもう一方の上位、下位の関係で、名前の中には具体的にはジョン、トム、ポールのようにたくさんの名前があり、都市にもローマ、東京、ロンドンのようにさまざまあるのでAとBは包摂関係にある。

　同格とは呼ばれないものの、最初にあげた部分全体の関係の中の all of ～のような表現は、Aのすべて（all）と言っているのだから、AとBが完全に重なっている状態である。だから指しているAとBは同じだ。（使われ方に関し

100

て、旺文社新英和中辞典（p.71）には、主にアメリカ英語で all of these books は all these books と言うとある。）the whole of 〜も同様だ。しかしこれらの表現も部分全体関係と関連している。10%、20%と部分の占める割合が高くなっていき99%となり、最後100%となったときに、部分と全体の関係にあったものが、全体と全体の関係となって重なるからだ。まさに同格の関係となることから、部分全体関係はもともと同格と強い関連性がある。「two of us」というビートルズの曲があるが「我々二人」という意味で、これも us イコール２人であるから同格ということになる。「poor four of us」なら「哀れな我々４人」である。

　また the age of ten は「10歳」、the month of June は「６月」という意味だが、同格に分類される。これらも the name of John や the city of Rome と同様、前者はたくさんの年齢の中の10という数字が、後者は12ヶ月の中で６月という月が選ばれているので、集合体の中の一つという意味では部分全体関係が成り立っているが、the month of June では June 自体「月」という意味が含まれており同格とも取れることから、この場合の部分全体と同格関係は切り離せないほどに密接な関係にある。一方がもう一方と意味的に重複しているという点では、動物や虫の群れの関係にあった２．６．４のＡとＢの内容と似た面がある。

２．６．９　その他のさまざまな B of A

　以上のようなことから、以下では、他の例もいろいろな形で部分と全体の関係が成り立っていることを見たい。最初は行為と行為者、あるいは被行為者の関係である、動詞の名詞化とその項の関係である。

　たとえば the assassination of Kennedy という表現は「ケネディの暗殺」という意味だが、ケネディ大統領という人物に起こった事であるから、これも一種の部分全体関係と捉えられる。この出来事はその人の「中で」発生している

からだ。

この例は行為の内容が被行為者の中で起こったものだが、一方で行為の内容は行為者から発せられるものだから、行為者が生み出したものでもある。物理的な点での類似で言うと、赤ちゃんが親から生まれる前は、親の一部として存在し部分全体の一種であることから、行為も行為者が生み出す点で部分全体関係の一種と見なすことができる。

この本では紹介しなかったが the assassination of Kennedy を A's B で表した Kennedy's assassination のような例は、Langacker によって部分全体関係という捉え方ではなく、具体、抽象の関係として分類されていた。確かに行為者や行為を受けるものの多くは具体的な存在で、行為は抽象的だ。ある人がある人を無視する行為は本当にそういう行為があったかどうかさえわからないほど、抽象的な性質を持つ。そして抽象的行為は、普通、単独で存在するより、具体的存在から生まれることが大半なので、その関連から語ったり関係づける。だから一種の部分全体と見なすことができる。

つまり B of A がさまざまな部分全体関係を担う性格から見ると、A's B の形式が担ういくつかの関係は、A と B の性質によっては部分全体関係と捉え直すことのできる関係が多数あるのである。だからそういう例はどちらの表現を使っても表せる。このことは 2.9 でまとめて見てみることにする。

別の例を簡単に紹介しておきたい。固有名詞間の結びつきが許されるかどうかも部分全体関係が成り立つかどうかで判断される。

　　*Mary of Mrs. Brown

　　Paul McCartney of the Beatles

ブラウン夫人とメアリーの関係は、部分全体関係が成り立たない。部分全体関係が想像できないことから理解できるだろう。一方、ビートルズのポール

マッカートニーというのはビートルズというグループのメンバーの一員であるから、全体の中の一人で部分全体関係にある。だから表現が可能だ。

Game 2 of the Japan Series

the final three days of this 15-day basho

a quarter of an hour

May of that year

上から順に「日本シリーズ（全7試合のうち）の第2試合」「相撲今場所の最後の3日間」「15分」（1時間の4分の1という表現）「その年の5月」という意味で、いずれも部分全体関係が成立している。

以上からわかるように、B of A の形式はあらゆる部分全体関係を担う。そしてそういう特徴が形式に宿ったからこそ、一見関係を見出せないような二つの名詞がこの形式で使われたとき、両者の名詞間で内的な解釈をするようになる。a mountain of a wave という表現はその典型だ。普通は山と波は別物で結びつけて考えたりはしない。しかしこの形式で使われるからこそ、そのような解釈を思い浮かべることができ、可能となる。

つまり形式と意味の関係は相補的な面があるのである。

最後に、比喩表現がA's BではなくB of A の形式で表わされるのも、こういった性質からだろう。（たとえば「失敗は成功の母」という表現は英語で Failure is the mother of success となる。）

2.6.10　Double genitive とそれに関係する表現についての考察

2.6.10.1　Double genitive に関して

この問題は少し混み入った内容のトピックで専門的になる。Double genitive についてだ。日本語ではダブル・ジェニティブと読む。どういうものを指すの

第 2 章

かといえば a friend of mine のような例だ。

Taylor（1996：327）によると double genitive はシェークスピアの時代以前からある表現で、of と 's の両方が一つの形式の中にあることから以前より論争がある。何がこの形式の問題となっているのかを Taylor が取り上げている例を紹介しながら見ることにする。

Taylor が問題と考えている例は that husband of Mary's という表現だ。Jackendoff（1977：116-9）や Quirk et al.（1972：890）にあるように、人と人の関係を表している a friend of mine は「私の友人の一人」という意味で、書き換えると one of my friends（私の友人の一人）である。そのため that husband of Mary's を a friend of mine と同様に考えてしまうと、B of A's の B と A's が部分全体関係にあり Mary は複数の夫を持っていることになる。日本訳すると「メアリーの（複数の）夫の中の、あの夫」となるからだ。友人なら複数いるのが当たり前だが、夫の場合は一人だ。そこで Taylor は B of A's の B と A's は同格関係にあると主張している。

that husband of Mary's を同格関係と考えることは正しいと私も思っている。しかしそもそも a friend of mine と that husband of Mary's を同じに考えてよいのか。細かいことだが、この二つの表現を検討してみたい。

その話に入る前に、これまで取り上げていない B of A と B of A's の違いについて見ておきたい。A が所有代名詞（A's）の場合と、単なる A の場合、どのような違いがあるのか。

　　　a portrait of John　　a portrait of John's
　　　a student of Kant　　a student of Kant's

a portrait of John は「ジョンを描いた絵」で、a portrait of John's は「ジョンが描いた（持っている）絵の一枚」という意味だ。下の二つは左から順に

104

「カントを専攻している学生」「カントが教えている学生の一人」という意味だ（Taylor 1996：328）。A's という所有代名詞が使われているほうは、B の名詞の複数を意味しているので、それぞれ a portrait of John's portraits、a student of Kant's students と書き換えられる。だから B の名詞が物で、A's と A が同時に使われたときは、語順が変わろうと意味の混合は起こらない。

a portrait of John's of Tom

a portrait of Tom of John's

（いずれも「ジョンが持っているトムを描いた絵」）

これは A's と A の間に意味の上ではっきりした区別があるからだ。したがって次のような表現は許されない。

*a portrait of John of Tom

*a portrait of Tom of John

John と Tom の二つの名詞がそれぞれ B と、どういう関係を築いているのかわからなくなるためだ。この例から明らかなように、A's は B が物の場合、あるいは人であっても友人や教えている学生のように、常識的に複数いる場合は、間違いなく複数の B を意味する。

そこで先ほどの that husband of Mary's の話に戻るが、Mary's と husband の関係もこれと同じと考えると、複数の夫がいて、その一人と解釈されてしまう。だから B にこのような名詞が来た場合の B of A's は別物として検討しないといけないことになる。

a friend of mine と that husband of Mary's を別物と考えたい理由は、A と B が同格関係にある場合、B が不定なら A も不定、B が定なら A も定冠詞という形になるということもある。（そうではない例もあるにはある。たとえば that fool of a man（あの馬鹿な男）のような場合だ。これに関してはあとで述

第2章

べる。）

　辞書に同格（辞書によっては比喩と分類されている例）として紹介されている多くは以下のような表現だった。

　　　an angel of a lady（天使のような女性）

　　　the city of Rome（ローマという都市）

　a friend of mine のように、B が友人なら A's は複数と解釈してよいが、普通一人しか該当する人がいない場合の、B が単数の時の 's は何なのか。そのヒントとなるのが次の場合だ。

　実は親族関係は、B of A でも B of A's でも表すことができる。a portrait of John's や a portrait of Tom の例でも見たように、所有関係の場合も両方可能ではあるが、親族関係の場合と所有関係の場合、意味するところは全く違う。

　インフォーマントによっては意味に違いがあると解釈されるのが Taylor（1996：328）の挙げた次のような例だ。

　　　Who told you that ?

　　　A friend of your father's

　　　If he says such things, he is not a friend of my father whoever he may

　　　be.

　　　訳は

　　　誰がそんなこと言ったの？

　　　あなたのお父さんの友人の一人よ。

　　　誰か知らないけど、そんなこと言う人は父の友人じゃないわ。

　この例から判断すると、B of A's が使われた場合、A が B を友人と認めてい

106

るニュアンスが出ている。友情というのは普通は相互的なものだが、理屈を言えば、自分がある人を友人と思っていても相手は思っていない場合もある。その違いが反映されているのだ。つまり A's の果たしている役割は、B が物の場合と B が人の場合では異なる意味が出ることになる。そうなると次のような疑問が出てくる。

1) なぜ所有関係の場合と違って、親族関係の場合はこのような意味になるのか。

2) a friend of your father's の場合は父親が友人と認めている意味が出て、a friend of your father の場合は友人が父親を友人とみなしている意味になるのか。その逆は成り立つのか。

3) 所有関係の B of A's と違って、親族関係の your father と your father's の場合、なぜ所有関係の場合のような固定的な意味が感じられなかったり、時にはいずれの形でも使われ得るのか。

1) と 2) は関連しているので、's に行為の意味があることをその性質から考えたい。

My や mine は、日本語では所有格、所有代名詞と呼ばれる。それは大抵の例で「持っている」という所有の意味が出るので、その呼び名で代表されているからだ。

しかし my book には「私が持っている本」という意味の他に「私が書いた本」とか「私のことが書かれている本」など、いくつかの意味が出る。その意味の多くは、A が B に対して何らかの行為を行うという意味だ。これが A's に所有以外の、行為の意味合いが出てくると考えられる理由の一つだ。

その上 A's B の A には、基本的に生物（典型的には人）が置かれるという約束事があったが、人以外に動物や列車など一部の名詞が許されるのを見た。

第 2 章

なぜそのような名詞が A に来るのか。

それは A が行為者（動くもの）としてのニュアンスを帯びているからだ。これは A's B のところでも述べたが、人間が注目するのは動いていないものよりも動くものだ。あるシーンに目を向け、鳥が飛んでいたり列車が走っていたりすると、そこに視点が行く。食糧を確保する、あるいは身を守るために必然的に備わっている生物としての基本的な能力なのだということは既に述べた通りだ。だから我々の目に、見える形では普通動かない植物は、生物といっても A には来ない。逆に無生物でも列車等の名詞が A に来られるのは、ひとえにこの性質からだ。つまり 's には所有以外、行為のニュアンスがあるのである。

それは文と名詞句が語順の上で平行する関係にあることもおそらく影響している。A's にはここでも行為者としての意味合いが出る。次のような例だ。

John's assassination of Tom

この A's B of C という形は、文の語順通り（John assassinated Tom.）「ジョンがトムを暗殺したこと」という意味になり、A's の John に主語としての（つまり行為者としての）意味合いが出て、C に当たる Tom は目的語としての意味（つまり行為を受ける被行為者の意味）が出る。したがってこのような例の類推から 's のつく名詞には行為を行うニュアンスが保持され、C にあたる無標識の名詞に行為を行わないニュアンスが出るのは自然なことだ。だから Taylor の挙げた例で、ニュアンスの差が感じられる人達は、この関連が潜在的に働くと考えられる。このことから 1 と 2 に対する疑問は理解できる。

では 3 はどうか。

A's B や B of A の場合の A と B の解釈は常識的な考えや知識から訳が決まる場合が多い。たとえば 2．5（90 ページ）で述べたように、John's train という表現は「ジョンが乗った列車」のような訳が想起される。car と違って train

を所有することは普通ないのでこのような意味が浮かぶのだが、assassination
に A がつく場合も訳は知識が大きく左右する。

　先ほどの John's assassination of Tom の場合、John が行為を行う者として
Tom が被行為者として解釈された。それは assassination という名詞に主語と
しての存在、目的語としての存在の二つの項が想起され、二つの項があるとき
は語順から解釈が一義的に決まるからだ。

　しかし項が一つの場合、行為者か被行為者かが決まる理由はその時々で違う。
たとえば the train's arrival や the arrival of the train という表現は、train が
arrival の主語となるので同じだ。それは arrival という「到着」を意味する語
の動詞が自動詞で、train との関係は主格以外にないからだ。だから一義的に
決まる。

　しかし assassination のような他動詞が名詞になった場合は、A's が主格とも
目的格とも取れる場合がある。大概は、傾向として A's のときは主格、of A の
場合は目的格の解釈が普通だ。そういう傾向があることは確かだが、my train
で見たように、A と B との解釈は常識的な関係から適切に決まる、あるいは
想定される。たとえば Lincoln's assassination のような場合は、リンカーンが
誰かを暗殺したという想起よりも、暗殺されたという常識的な知識のほうがま
さっているため Lincoln は被行為者と解釈される。その点で 's や of A の解釈は、
B との常識的関係に左右され、絶対的に固定化しているわけではないのである。

　このような理由から、一般的傾向はあるものの、あいまい性を残して使われ
ていると考えられるのである。

　では 's は何なのか。

第2章

2．6．10．2　形式の代用　形式の役割

a friend of mine という表現があるので、これと同じと考えるなら your father's の 's は所有格ではなく、所有代名詞であることは間違いない。a friend of mine が「私の友人達のうちの一人」という意味であることも確かなので、a friend of mine を別の表現に言い換えれば、先ほどの one of my friends ということになろう。形式に沿った形で部分全体関係となっている。

しかし that husband of Mary's はこれとは異なる。A's の意味する名詞が複数なら friend が husband に変わると、複数となって常識的におかしいことは述べた。

ただ A's が Mary's husband という単数を意味するのなら、形式の担う役割と一致するので問題ない。つまり that husband と Mary's husband は同一人物を指すので、同格として捉えられるからだ。しかも同格の場合は、基本は A、B ともに不定冠詞同士か定冠詞同士で統一している。それなら that も Mary も定冠詞相当の意味を持つから、問題なく同格関係の一種と見なすことができる。B of A という形式は部分全体関係か、同格関係を担うのだから。だから多くの親族関係を表す表現は、B が不定冠詞の場合は部分全体関係として捉えられ、B に定冠詞がつく場合は同格関係となっているのである。

A's B と B of A は相互に補完的だ。それは A's B の A が長い名詞になる時は B of A の形式を使って表すことがあったことや、the roof of the house（家の屋根）という表現が関係代名詞や指示代名詞になった場合 whose roof あるいは its roof というように、A's B の形式で表す場合もあることから、お互いに相補的な面がある。いずれも本来ならその形式では表さない表現だ。

それぞれの形式が別の形式で同じ内容を表現することを代用と呼ぶが、代用されるのはどういう場合か？　それは当たり前の話だが、本来の形式では表現

できない場合だ。

A's B には（二つの例外を除き）A が B を特定する性質が形式自体に内在している。もう一つの形式の B of A にはない特徴だ。B of A には a B of A と the B of A の両方がある。だから A から B を特定したくない場合、A's B ではない表現を選ばざるを得ない。日本語で「私の友人」という表現を、そのまま A's B の形式で表せば my friend になるが、これだと英語では相手にも、どの友人のことを指しているのかがわかる（つまり特定できる）表現になってしまう。だから相手が特定できない友人であることを表したい場合、この表現は避けないといけないことになる。ではどう表現したらよいのか。

それが B of A の形式の存在意義だ。相手が特定できない意味をこの形式なら表現できるからだ。だから自分の友人を、相手には特定できない、あるいは相手に特定されたくない不特定多数の一人として表現したい時、my を所有代名詞に変えて B of A の A に置けばいい。そうすれば部分全体関係になり、不定冠詞を使って表せる。

では that husband of Mary's の場合はどうなのか。

これは husband を Mary ではなく、別の意味合いを込めて特定したいとき、B of A の形式を借りて Mary's を本来の位置から別の位置に置くことによって表現したものだ。B を特定する場合、一つの語で特定する手段を英語は取る。たとえば Mary's sister's boyfriend は A's B's C という表現形式となるが、A は B を特定するだけで C を特定しない。C は B からのみ特定される。

しかし B を二つの名詞から特定したい場合は、B の前に新しく特定したい名詞を置くことに加え、B of A の形式を使って後ろに同格となるような表現を置いて表すしかない。

ただしその場合、B に付け加える語が、意味のある語である必要がある。

111

husband の前に置かれる特定する語が単なる定冠詞で the husband of Mary's は表現として許されない。それではこの形式を使う意味がない。なぜなら Mary's husband という表現の Mary は Taylor が結論づけたように、定冠詞相当の役割を果たしているからである。そうであるなら、B of A の形式が担う表現に合わせるため、A、B ともに定か不定のどちらかで統一し、B の前に意味のある語をつけ加えて同格関係となる表現に持ち込むか、あるいは部分全体の関係に持ち込むかのいずれかの選択になる。

そう考えると、残された選択肢は一つ。husband は複数いるわけではないから Mary's husband とし、B の that husband と同一人物というふうに持っていって同格関係にするだけである。

ビートルズの曲で有名なものの一つに「And I love her」という曲があるが、その歌詞の中に I know this love of mine will never die. という表現がある。これも love を my で特定するのではなく this という表現を入れたいために、二つの語から B の love を特定している。A's B の形式ではできない特徴からこのような表現が生まれているのだ。この場合も this love と mine の意味する my love は同格だ。

助動詞の場合もこの代用に似たことが起こっている。will という助動詞に、must や can の意味を付け加えたい。しかし助動詞は一つの文に二つ同時には使えないという制限がある。しかも助動詞の中では will が他の助動詞よりも優位な地位を持つと決まっている。では、must や can の意味を付け加えたい時はどうするのか。must や can はそれぞれ have to と be able to で書き換えられる。だから will に must、あるいは can の意味を付け加える場合は、それぞれ will have to、will be able to と、have to や be able to を、must や can の代わりに置くのだ。

Geoffrey Leech（1987 年の second editon の 82 〜 83 ページ）によると、日本語では must も have to も「〜しなければならない」と同じように訳すが、今ではちゃんとした意味の違いがある。must のほうは、話し手自身の個人的判断で「〜しないといけない」とのニュアンスがあり、have to は社会通念上「〜しないといけない」とのニュアンスがある。言葉が独自の意味合いを帯びていくのだから意味に差が出てくるのは当然だ。しかしこの場合も、本来 must と have to との間にあるニュアンスの違いは背後に引っ込み、have to が must の代わりとして使われているのである。

　このように、言語には代用する仕組みがあるからこそ、より高度な意味合いを出すことができる。代用は言語を使う上でとても大切な役割をさまざまなところで果たしていると言えるのである。

　最後に that fool of a man という表現であるが、意味は「あの馬鹿な男」となり、これは that fool だけでは男性か女性かわからないために、その意味を後ろに補うことによって生まれた表現と考えられる。辞書にあるように同格と考えてもちろんよいが、一方が定でもう一方が不定である例は珍しい。いずれにしてもこのように B of A はさまざまな表現を担うことのできる形式なのである。

2.6.10.3　that husband of Mary's の表現が可能になるのはなぜか。

　that husband of Mary's を同格とする以外に、もう一つの考え方が可能性としてあるのでそれを述べておきたい。（実はこの二つのどちらがよいか現時点では迷っていて判断がつかない。）

　言語はコミュニケーションするためのものである。コミュニケーションはほとんどの生き物にとって生存に不可欠だ。だからおたがいの意図が通じるよう発達する。人間なら耳や目が不自由な場合は、普通の言語以外のコミュニケー

ションの方法を編み出す。だからコミュニケーションの方法は必ずしも一つではない。幼児が泣くという、言語とはまだ言えない段階のものもコミュニケーションだ。泣く行為で幼児は自分が何らかの困った状況であることを伝える。母親はなぜ泣くのかわからない場合もあるが、泣き方によってそれが何なのか予測し対応する。普通の泣き方なのか、火がついたように泣くのか、意思の伝え方は最初から段階的な面を持っている。

　言葉が理解できない者同士でも、表情や話し方で喜怒哀楽は理解できる。どの程度なのかもおよそ推測できる。さらに、伝える内容が複雑になると、微妙な違いを言い表せる方法に発達していく。コミュニケーションが高度化していくのである。そして文化によっては、あるものが意味ある差異を帯びてきたら、より細かく分けようとする。たとえば魚を扱っている業者が魚の成長具合によって商品価値が違ってきて区別に値するとなれば、段階に応じて呼び名がつく魚もある。名詞ではなく、たとえば形容詞なら、人間の感情を表すsurprized が very で強調されるだけでなく、さまざまな副詞があてられたり、amazed や astonished のように、度合いだけでなく、驚きの違いを示す語が生まれたりして表現はさらにバラエティに富んだものになる。

　表現の多様性は、同じことやものを指す場合にも当てはまる。同じ対象物に違う呼び名を当てて、見方の違う（解釈の違う）捉え方をする。トイレにいくつかの婉曲的な表現があるのもその一つだし、父親を意味する言葉も「とうちゃん」「お父さん」「父上」「父」など複数の表現が存在するのもそうだ。

　表現が複雑になることはコミュニケーションの度合いが発達することなのでいいことではあるが、一方でマイナス面もある。記憶に負担が生じるからだ。より正確に意味を伝えようとするのはいいが、それにはたくさんのことを覚えなければならない。

2.6 B of A に関して

　ただ同時に、プラスの面もまた生じる。小さな意味の差異は問わず、共通性だけに焦点を当てる、言い換えの手段が生まれるからである。ある指示物を表すのに複数の表現を持つと、バックアップ的な役割をしてくれる。辞書の説明はこの同一性の側面を利用している。微妙な違い（たとえば文体等の違い）はあっても、その違いを無視して何を意味しているかに焦点が絞られる。共通したところだけがクローズアップされるのである。

　ただし一方で、言葉は同じ対象を指している場合でも、複数の表現が同時に存在すると、必ず意味の違いが生じる。意味の違いにならなくても何らかの使い方の違いになることもある。全く同じなら存在意義がなくなってしまうからだ。何の変化も生じなければ、どちらか一方は必ず淘汰される。つまり言葉というのは、同一の対象物を指すときにも違う語が使われたり、逆に違う対象物にも同じ語が使われることが起こる。雑草という呼び方はまさに違う物を一緒くたにした表現だ。

　したがって、言語には二つの大切な使命があることになる。一つは細かな使い分けの違い（新しい意味の創造）を生んで、より意味を豊富にしていく方向に進む「差別化」と、もう一つは言葉を別の言葉で言い換える場合、違いを無視して「同一性」に焦点を当てることだ。「父」を辞書で引くと、子どもの男親という説明以外に、おとうさん、父親等、文体の違いがあるが、その違いを無視した語を使って説明されている。我々はこういった「差別化」と「同一性」という、相反する側面をうまく使い分けながらコミュニケーションしている。

　A's B と B of A には明確な違いが今ではある。しかし一方で、これらの形式は、同じ A と B の関係を表現することができる共通性も同時に持っている。語と同じように、多くの例で互換性を持つ二つの形式の一方が、さらなる意味を付け加えたいとき、互換性のあるもう一つの形式が有効に使われることはもっと

第2章

もな言語のあり方だと思う。

　前置きが長くなったが、that の意味を Mary's husband という表現に付け加えたい時、A's B の形式では husband を that と Mary の二つの語から特定することは許されなかった。それを可能にする手段が、A が B を特定する A's B の形式と、the B of A の形から B を特定する形式の二つを使うことだ。動詞派生名詞を始めとする例で A's B of C という、両形式を合体させることの応用が、この表現で活きてくる（John's assassination of Tom のような例である）のではないかと思っている。

　言語はその性質上、多くの情報量を伝える方向に発達する。そのため語や形式や文はそれぞれ独自の意味合いを発達させる方向に進む一方で、それぞれが別の語、形式、文の代用となるような共通性も同時に残す。その相反する二つの要素が、より言語を豊かなものにしてくれている。言語を使うことでコミュニケーションをより高度にすることは、人間にとって結果的には生存を確実にする方法として機能する。このメカニズムが言語にあるのは、あとで述べるように生物学的な要因が関与していると考えられるのである。

2.7 B of A の head noun が A にも B にもなる理由

B of A には、A が head noun の場合と、B が head noun の場合がある。head noun（日本語ではおよそヘッドナウンと読む）とは、前にも説明した通り、B of A が文の主語になった時、動詞の人称が A、B のどちらに合うか、ということに影響する要因だ。だから the windows of the house（その家の窓）が主語になれば windows が複数なので The windows of the house are ～ となるし、windows が単数の window なら The window of the house is ～となる。つまりこの場合の B of A では B の window が head noun となっている。しかし an angel of a lady（天使のような女性）という表現は a lady である A に動詞の人称が合う。head noun というのは一つの表現の中で中心となっている名詞のことである。「その家の窓」「天使のような女性」という表現は、それぞれ「窓」「女性」について述べているのであって、「その家」や「天使」のことではない。だから中心になっている名詞に人称が合うのは当然だ。

A's B では全て B について述べているのであるから B が head noun になる。だから B of A には A、B ともに head noun である例があるのとは違っている。なぜこのようなことが起こるのだろう。

部分全体関係にはさまざまなタイプがあることを見た。実はここで紹介した部分全体の関係はかなり私の独断的な分類となっている。したがって分類の仕方を変えることも可能だ。それに部分と全体というのは捉え方によっては逆に捉えることもある。最初から絶対的に一つに決まっているわけではないと思えるようなものもあるのだ。その点を踏まえて head noun のあり方について見て

第 2 章

みたい。

あるものとあるものの関係をどのように捉えるかは多くの場合、常識的にほ
ぼ決まっているが、中には二つの捉え方（どちらとも捉えられる）ができそう
で、部分と全体がどちらなのかを判断するのが難しい場合がある。以前、学校
で「ルビンの壺」（Rubin's vase）という絵を見せられ、人が二人向き合ってい
るようにも見えるし、壺のようにも見える絵があったことを思い出したが、こ
れと同様、ものによっては捉え方が変わるものも存在する。もちろんどの表現
も習慣で、どちらが head noun であるかは決まってはいる。しかし部分と全体
の関係は、名詞が変わると主従関係が変わってしまうものもある。

94 ページの部分全体関係の例の中に a bit of ～という表現があった。「少し
のパン」という意味をこの表現で表せば a bit of bread となる。不可算名詞で
ある固体のパンから一部を切り取るというイメージをもとに部分全体の関係が
成立している。水の場合なら a bit of water という表現になり、まとまった量
の水から少量を掬い取るイメージのようなものになるだろうか。

しかし B の名詞が変わると、head noun は変わらなくとも別の捉え方に変
化する。水を手にする際、水が液体でパンのような固形物ではないため、そ
のままで手にすることは普通ないから、何らかの容器に入れることが必要だ。
だからグラスのような物理的な存在のものに入れるのが通常なので a glass of
water という表現をする。しかしこの表現になると、不可算名詞である水から
その一部を取り出しているという発想から出ている a bit of water の表現とは
同様に考えられなくなる。グラスは water の一部ではないから、今度はグラ
スに入った水という、それ自体が完結した存在である認識が強くなる。そうな
るとグラスが容器で、水はその内容物という関係に捉え方が変化する。つまり、
水という形のないものの全体から一部を取り出すという捉え方ではなく、グラ

2.7 B of A の head noun が A にも B にもなる理由

スが存在物の形のあり方を決める容器（したがって全体に相当する）と捉えられ、グラスに入っている中身が水という、部分と全体の関係が逆転することになるのだ。それは a man of ability（有能な人）という表現では a man が容器で、能力がその中身（全体に帰属する部分）と捉えられているのに近くなる。

少し補えば、水の入ったグラスの存在は、数えられない水を数えられるものとして表現することになるから、それが人の意識を（捉え方を）グラスが一個の存在で全体であるかのように変化させるのだろう。いずれも head noun は B のままである。しかし a bit of water から a glass of water に表現が変わると、head noun は変わらずとも A と B の捉え方に変化が生じるのである。

最後に補足として、別の分類の仕方と、部分全体の A と B の関係が、どちらの捉え方も可能である例を紹介して終わることにしたい。

まずは分類の仕方だが、2.6.4 では、動物や鳥、虫のあり方を反映している A と B の関係を紹介した。独特の群れ方をすることから、それぞれの存在に独自の表現が与えられたと考えられる。いななくという語が馬の意味合いを含むように、ある表現が特定のものにしか使われない場合は、語自体がかなりのアイデンティティを表すことになる。

ただ、A にくる名詞によってはいくつかのあり方が存在する場合もある。パンがそうだ。もともと一つに形が決まっていないパンには、さまざまなあり方があるので a piece of bread、a roll of bread、a slice of bread、a loaf of bread などの表現がある。A が複数の形状を表す B と使われる名詞は、パンが代表的なものであろうが、パンは固体なので水のように容器がなくてもそれだけの存在を提示できる。それが影響して、A と B の部分と全体の関係は捉え方によってはどちらにも解釈できるように思う。a piece of bread の場合、bread という形のはっきりしないものから取り出した一片というイメージがある。し

119

かも a piece of 〜は多くの名詞と使われるから A と B の関係はアイデンティティを確定するほどではない。それが a slice of bread となると、形も明確になることから、一般的な常識から、スライスされる内容がチーズやハムなど、a piece of より限られた名詞に限定される。さらに a loaf of になると、パンくらいにしかこの表現は使われず、動物や虫の表現のように、ほぼ限られた名詞との組み合わせとなり、パンという A のアイデンティティがよりしっかりと組み込まれた形となる。つまりさまざまな形態の種類がある A や、B という名詞の切り口から B of A の分類の一部を整理することも可能である。

　最後に部分と全体の関係の捉え方について述べておくと、a slice of bread の head noun は B の slice であるが、A の一部を形ある B として切り離したという捉え方ができる一方で（従って A が全体で B が部分）、B が全体で A はそれを作り上げている（構成している）材料という捉え方をすることも可能だ。それはレンガでできている家（a house of brick）のような感覚に近い。つまり slice された内容がチーズやハムではなく、パンという捉え方だ。それでも head noun が変化することはない。B of A の A と B が部分全体関係を維持している限りは、形式の担う内容と一致しているので何ら問題はない。

　しかし一方で、a bit は some pencils の some のように、pencil という名詞の数量を表す形容詞の意味と同じような意味合いを持つため、a bit of 全体で A の bread を修飾しているよう再解釈することも可能性としては起こる。事実、ネイティブの人でも a bit of bread が主語になった時、head noun が A の bread だと思う人もいるようだ。実際は a bit が head noun だが、bread を head noun と思う人は a bit of をひとかたまりの形容詞と見做してしまうことが起こっているからだ。これは a lot of 〜や lots of 〜も同様だ。

　このような再解釈が曖昧性を生み、B of A の形式の持つ意味が変化するきっ

2.7 B of A の head noun が A にも B にもなる理由

かけとなり、今後用法の拡大につながっていく可能性は大いにあるだろう。それは head noun の位置の変化にもおそらくつながっていく。

　現在のところ an angel of a lady のような特定の例以外は A が head noun である用例はない。しかし同格のような性格を持つ例の中でも a devil of a job や an angel of a lady の例は、意味的に重きを置かれているのは個人的には B である devil や angel のような気がしている。もともと of ～は、a man of ability の例を考えればわかるように、～の特徴を持つ B という表現だ。悪魔や天使が実在するわけではないことから A が head noun にはなっているが、実態はむしろ B がその中心的主張だ。そのような捉え方の意識が、B of A の head noun の固定化を揺るがせる要因と考えられるのである。

　そしてそこには、まさに人間の認識、捉え方が介入している。つまり認知言語学の根底にある精神が反映されているのである。

第 2 章

2.8 A's B と B of A の特徴のまとめと問題点

以上見てきたここまでの A's B と B of A の形式をまとめると次のようになる。

A's B　1　一部の例外を除き、A のほうが B より顕在性が高い。

　　　　2　A には基本、生物としての特徴、それに準ずる性質を帯びた特徴が見られる。

　　　　3　A は B を特定する。(A が定冠詞相当の役割を果たしている。)

　　　　4　B が head noun となるので (あとに動詞が来ると (主語として使われる) 人称が呼応するということ)、A から B への一方向性が見られる。

B of A　1　A のほうが B より顕在性が高いとは言えない。

　　　　2　A が生物か無生物かの制限が形式自体にはない。

　　　　3　A が B を特定する特徴は形式にはない。

　　　　4　A と B の間に一方向性は見られない (A's B は B が head noun であることが固定しているが、B of A は A にも B にも head noun の例がある)。

　こうやって比較してみると二つの形式の持つ特徴は一致していない。一致していないどころか、ほぼ正反対の特徴を持っていることがわかる。なぜこのような特徴になるのだろうか。

122

2.8 A's B と B of A の特徴のまとめと問題点

　理由の一つは、それぞれの形式が異なった A と B の関係を表す方向に進む以上、それを反映すると必然的に違った特徴を持つことになるからだ。

　もう一つは、似た意味を持つ語がそれぞれ違った意味を帯びていくように、形式もそれぞれ違った意味合いを帯びていく方向に進む。言語の性格からだ。高校のときに習った A's B の A には生物が、B of A の A には無生物がくるという事実が間違いであることは、two of us のような例を出し、最初に指摘したが、反対という解釈は二種類ある。一つは生物の反対ということで無生物と言うことだが、もう一つの反対とは、A's B の A は生物だが、B of A の A は生物でも無生物でもあり得るという解釈だ。

　一方で形式と意味の関係から起こり得る問題は、いろいろな二つの関係が、限られた形式の中で表現されなければならないという制約があると、A と B の関係がどちらの形式に当てはまっても問題ないというもの、あるいは逆にどちらにも当てはまらないものが出てきてもおかしくないということだ。

　前者に関して言えば、A's B と B of A の両方で表現されるものはあって当然だ。さまざまな A と B の関係と言っても、その二つの関係をどう見るか、捉えるかで、結局同じものとしても、あるいは違ったものとしても分類できるということ。それは既に紹介しているが、Lincoln's assassination という例の A と B の関係を具体的なものと抽象的なものと捉えることもできるし、全体と部分と捉えることもできるからだ。

　問題なのは後者の、どちらにも当てはまらない関係だ。その場合、二つの選択肢が考えられる。一つは別の表現形式を作り出す、つまり独自の形式を持つという選択。もう一つは今ある形式の中のどれかの形式で表現するという選択だ。効率の点から言えば、形式が担う特徴にあわない例が出て来るたびに、新しい形式を作り出すのは効率が悪い。その点では既存の形式を使って（借りて）

123

第2章

表現するほうがよい。ただそうなると、形式と意味との関係性は崩れることになる。英語は5つの文型を使って、言いたいことを表現する言語だ。そのため、この限られた5つを駆使して文を作ることになる。それによって形式と、当てはめられる語が必ずしも合うとは言えない関係になるかも知れない。語と文型だって必ずしもお互いに合わせたように発生したわけではない。だからぴったりとは合わないものも存在する。だからこそプロトタイプという考えが必要だと述べた。もしかしたらその一つが時間や天候を表すitかも知れない。

　こんなことを言えば、きっと多くの言語学者から否定されるに違いない。けれどもこの点からいくつかの英文を見直すことは出来ないだろうか。一つの特徴が言語全体に幅広く浸透することは説明した通りだし、しかもそれはそれぞれのあり方で浸透することも見た。

　限られた形式でさまざまなことが表現されるよう言語が形成されていき、語が埋められていけば、起こり得ることだ。英語は5文型すべて主語が必要である。だから時間や天候も主語が置かれて表現されなければならない。だからrainとかfine, cloudy等の動詞、形容詞が存在する以上、それに合わせて主語を置かないといけない。だからitという名詞が置かれることになったと推測できなくもない。

　こういう考えに至った理由は、形式と意味の表裏一体の考え方からは天候等の表現は説明できないからだ。SVOのSとOの関係は前にも述べた通りだ。SはOよりも顕在性が高く、Sは典型的には行為者だ。しかし実際は動詞の中にはresemble（似ている）のような語もある。この場合のSは行為者ではない。動詞には動作と状態を表すものがあるから状態を表す動詞のSを、そもそも行為者と言えないが、それは別にしてもresembleがなぜ動詞として存在するのかという問題はあり、このことも既に述べた通りだ。だから典型的な例との間

に関連を見出せないものもある。

　しかしその度にそういう動詞のためだけに、違う形式を作り出すわけにはいかない。しかも理論の整合性から gradience（段階性）の観点から説明しようとして典型例の延長にあると関連づけることも難しい。そうなると形式と意味の関連から説明できないものは言語に見られる事実として受け止め、別の観点からそれを説明しようとするしかない。

　形式と意味が合わない表現だけのために、わざわざ特別な表現形式を生み出すのは極めて非効率的だ。実際、形式と語が合わないからと言って、新しい形式を生み出している例はない。新しい形式を生み出していると言えるのは、せいぜい it 〜 to の構文で見られるように、仮主語（形式主語とも言う）と真主語のような文に限られるのではないか。日時の表現が他の A's B の A にくるものとは異質であって、説明できないと思われたのはこれに関連している。しかしあとで見るように何かしらの接点があるからこそ、この形式で表されているのだ。

　言語は絶えず変化していく一方で、例外となるようなものも受け入れながら現状を安定させるという、二つのバランスを保ちながら成り立っている。どんな言語にも例外があるというのは、こういった事情があるからではないかと思う。

第 2 章

2.9 A's B と B of A の両方で表される例について

　A's B と B of A の両方で表現できる例を簡単にまとめてみたい。A と B の関係がどちらの形式の条件にも合う例だ。A's B で言えば、以下の例は顕在性の点では具体、抽象の流れで、A が人であることから表現できる。一方の B of A は内的な関係である。行為は行為者から生み出されるのであるから B of A で表現される。被行為者であっても行為はその人の中で起こったことだから内的関係となることは既に述べた通りだ。少し前に A と B をどう見るか、捉え方がそれぞれの形式で違うと述べたが、その例である。A's B の A が定冠詞の役割を果たすことから、これに対応する B of A は、B が head noun で、A から特定されると B の前に定冠詞がつくもの(すなわち the B of A)ということになる。典型的な例は行為と行為者、行為と被行為者の例だった。

　　John's assassination VS the assassination of John

　これ以外の、Swan や Quirk et al. が 2.2 や 2.4 で挙げている例を検討しておきたい。以下は、彼らの辞典に A's B の例として掲載されているが、すべて A's B でも B of A でも表現可能だ。

the cat's ear	the ear of the cat
Scotland's climate	the climate of Scotland
the company's management	the management of the company
the government's decision	the decision of the government
the boy's application	the application of the boy
the family's support	the support of the family

126

2.9 A's B と B of A の両方で表される例について

the girl's story   the story of the girl

the victim's courage   the courage of the victim

the baby's eyes   the eyes of the baby

　上から簡単に説明をしておきたい。the cat's ear は猫の耳という意味だが、猫とその一部なので部分全体の関係にあるからいずれの形式も大丈夫な例だ。猫は生物だが、人ほど（しかも人称代名詞ほど）典型的な A ではないので、どちらの形式にも合う。Scotland's climate は、A の地名が人との関連が思い出され、典型的な A ではなく、人に準じるものとして捉えられることもあるので A's B でも可能であるし、無生物の扱いとして B of A でも表せる。the company's management や the government's decision は A が人の集まった集団であることから、やはり人に準じるものとして捉えられるので A's B でも可能だし、A が典型的な生物としての性格をしていないことに加えて、B は A に付随する意味合いを持ち、部分全体の関係と捉えられるので B of A でも可能だ。次の the boy's application や the family's support では、B が動詞を名詞化した表現で、A はその行為者、あるいは被行為者であるため部分全体関係の一種となるので、どちらの表現も可能となっている。ただし、例えば the family's support は A が B に対し、主語としての意味合いがより強く（家族が支えるという意味）、the support of the family は「家族が支える」という意味と、「家族を支える」という両方の意味を持つ。したがって解釈の違いは出てくるものの、表現としては二つとも許される。

　the girl's story や the victim's courage、そして the baby's eyes はすべて A が人なので、A's B で表されることに問題はないが、人称代名詞のような典型的な A ではないことと、A と B の関係が一種の部分全体関係になっているので、B of A の表現も許される。特に the eyes of the baby という表現は、baby

127

第 2 章

が it で指されることもおそらく影響しているのであろう、普通は A's B で表現されるだろうが、人ではあっても典型的ではない感覚があるのだろうと考えられる。

このような例を見ると、A's B の所有関係や親族関係の一部、そして日時の表現（today's newspaper）を除けば、基本、ほとんどの表現は A's B、B of A の両方の形式で表される。ただし 73 ページ、79 ページで見たように、A の名詞が長くなった場合は、所有関係や親族関係でも B of A で代用される。

また先ほど親族関係の一部と述べたが、一括りに親族関係と分類される表現でも、組織と人のような組み合わせの A と B になれば、組織と組織に属する人という関係となり、部分全体関係が成り立つので B of A で表現できる。逆に人と人は、広い意味でも部分全体関係にはならないので、A's B でしか表現できない。

以上のような要件を考えれば、どのような場合に A's B を使い、どのような場合に B of A を使うかが理解できる。

2.10 人と日時の共通点に関して行き詰まったときに考えたこと

　A's B の形式で表される例に見られる共通性は、ごく一部の例外を除いて、A が B を特定するという特徴だった。しかし A には人を中心とした名詞が来て、他に許される名詞も実は人間に準じる性格を持っており、動くという共通のつながりがあることが大切な要因だった。train をはじめとする乗り物を表す名詞はその代表的な例だ。

　問題として残ったのは、人と日時の共通性を見出すことができなかったことだ。しかも抽象性の高い日時という概念が、A という顕在性の高いものが来るはずの位置に本来は来られないことが大きな難問だった。

　A's B の A が、人を中心とする表現と関係がなさそうに見える日時を表す表現を担うのはなぜなのか？　この問題に対し明確な答が出なかったときにいくつかの説明を試みた。何年も考えに考え続けた。見つからないまま「これは答が出ない」で終わらせることで幕を引くことも頭にあった。

　その苦悩の過程で考えたことを紹介する。今では積極的に支持できる内容ではない。ほんの小さな関連性を見出せるくらいで、他の二つの形式（B of A と AB という形式で、AB はこのあと紹介する）で表すよりは有効だろうという程度の説明のものである。そのような内容なので、必ずしも肯定的に捉えられないと思う時もある。けれど、結論に至るまでの一つの考えとして紹介したい。

　文化によって物事をどう見ているか、区分するかは違っていることから、そういったことが日時の表現にも反映しているのではないかと考えたことがあっ

第 2 章

た。トマトをフルーツとするか野菜とするかは国によって違う。日本では野菜だが、イギリスではフルーツである。（最近は改良してフルーツの味に近いフルーツトマトというのが出ているが、これなどは文字通り日本でもフルーツの扱いだろうか。）言語によって、区分が違うことを知るのは中学の時だった。brother という語には兄、弟の区別がない。日本語ではきちんと分けられているが、英語では弟ということをはっきりさせるためには younger brother と younger をつけなければならない。（これは池上氏も同じように感じたようで『英文法を考える』の 227 ページに述べている。）また英語では船を意味する ship を受ける時、it ではなく she を使うと習った。人ではないが、人と同様に動くという特徴から、生物と少しは関連性があると捉えられるのだろうと思ったのを思い出す。実際、train のように、A's B の A には動くという、生物的特徴を持ったことが影響して、A's B で表現することが許されたことは見た通りだ。car は she では受けないから、こういったことは説明できたり、できなかったりだ。私の好きな映画に「哀愁」（原題は「Waterloo Bridge」）という 1940 年の作品で、ヴィヴィアン・リーとロバート・テイラー主演の古典的名作があるが、戦争に行くロイをマイラが見送りに行くとき、改札にいる ticket collector が、列車を she と言っているのを知って、乗り物に対しては日本人と違う意識があるのだろうかと思ったものだ。実際調べてみると列車を擬人化して she で表したものということがわかった。当時は船舶、月、車、国家、都市などについてもしばしば she が用いられた。だから英語ではそれ以外にも違った感覚が、ものや文によってはあるのかと考えたことがある。その一つが次のような表現である。

The fifth century saw the end of the Roman Empire in the West.
（5世紀には西ローマ帝国が幕を閉じた）

2.10 人と日時の共通点に関して行き詰まったときに考えたこと

　これなどは日本人からすると非常に奇妙な英文に映るはずだ。少なくとも私には非常におかしな文に見えた。（実は今もそう思っている。）時を意味する名語が see という動詞の主語になっているからだ。

　また次の表現は英語の他動性から来る表現だと思うが（1.12 と 1.14 の物主主語と感情の表現の所と同様の問題）これなども日本人から見ると奇妙な表現に映るはずだ。

　　Every year brings a newer and better way to get fit.

　　（体を鍛えるための新たな、より良い方法が毎年生み出されている。）

　そう言えば、ポール・マッカートニーの「Every night」という曲の歌詞に「Every morning brings a new day」というのが出てきた時、不思議な感覚におそわれたことを思い出した。英語は擬人的に表現することとも深く関係している。

　これらの表現だけで英国圏の人々が、日時を我々日本人と違って捉えているとまでは言えそうにないし、ましてや人と日時の共通性を指摘できたとは言えない。それにこれは日時の表現の問題というより、擬人化とか他動性の問題のように思う。

　ただ日本語でも「時は流れる」という表現があるように、日時を動的なものと捉えていることは確かだ。比喩的表現ではあるが、Time flies とか Time passed のように、人や鳥が主語に来るところに時間の語が来ている。こういったごく小さな関連性でも形式の選択のちょっとした後押しになる。

　このように考えたのは、人は関連のない二つの間に共通項を見つけ、結びつけることを日常行っているからだ。部分的な類似はよく比喩（メタファー）という形で表される。「あの人はキツネみたいな目をしている」というのは、顔立ちの一部に比喩が使われている例だ。人の吊り上がった目がキツネのそれと

第 2 章

類似している等の理由で、このような表現を使う。ただキツネである必要はない。人間はどんなものにも自由に共通性を見出し、一見関係のなさそうなものの間にさえ関連性を見つけ出す。

　二つの間に見つけられる類似性は、多くの言語で共通しているものもあれば、言語間で異なっていて個別的な場合もある。認識の基本は、具体的で目に見えるものが土台となっている。抽象性の高い内容は、どのように言葉にしたらよいかわからないため、どの言語でも具体的な何かに見立てて理解している。だから日時という、目には見えない抽象的なことの理解には、何らかの具体的な、物理的内容が基礎となっている。日時のあり方を英語では人間、生物同様の捉え方をしていると言うことができるなら、A's B の A に来る原因とも言えそうだからだ。

　大学院時代、ある教官が日本語では「時代」を「坂道」に見立てていると聞いたことを覚えている。「時代を下れば…」とか「時代をさかのぼれば…」という表現が日本語にはあるが、確かにこの表現を見れば、そう捉えていることがわかる。

　それに積極的な証拠とまでは言えないが、日時に関する A と B のさまざまな関係を、A's B、B of A、AB の 3 つのうちどれかで表現するとなった時、明らかに B of A と AB の形式が担う意味合いには合わないので、A's B に落ち着いたのではないかという推測もした。

　先ほど挙げた Time flies. や Time passed. や see という動詞が日時を主語として表現できることから、日時の表現の背後にも、動くという生物的な特徴としての捉え方がなされていると考えて、A's B の形式で表現されていると当時は推論したのである。

2.11　AB という形式の持つ意味

ここで AB という、二つの名詞の関係を表すもう一つの形式を検討する。

Place : a Sussex man　Oxford station

Time : a day bed　afternoon tea

Material : an iron bridge　chocolate ice - cream

Functional relationship : a book - case　a conference room

Direct object : adult education　a blood - test　an animal trainer

Complement : a woman driver　a girl - friend　a frogman

Part : the table leg　the car door　a door - knob

Measurement : a ten pound turkey　a five - litre can

Swan のこの分類が妥当かどうかはここでは問題にしない。AB の持つ特徴は A's B や B of A とは形式が違うので、受け負う役割が当然異なっているはずだ。実際観察してみると、A's B は大半の場合、A に人（生物）が来るのに対し、AB は A に人も無生物も来るし、Complement と分類されている a woman driver や a girl-friend の例からもわかるように、A が B より顕在性が高い性質を持っているとも限らない。また B of A のように、A と B の名詞の間に共通の意味関係を見出せるわけでもない。A's B、B of A もそれぞれ独自の特徴を発達させているので、AB の形式も何か独自の意味合いを担っているはずだ。

　AB の形式を一言で言えば、一語として確立した表現としての役割を果たしている。Swan（1985：422）は AB が同じ語で A's B、B of A で使われた場合、どのように意味が違っているかを以下の例で説明している。

133

第 2 章

　　　dog's food　　dog food

　　　a matchbox　　a box of matches

　AB、A's B の比較では dog's food が個別の犬の餌を意味するのに対し、dog food は一般的に知られている決まった犬の食べ物についての表現となる。

　一方、B of A と比較した場合、matchbox が箱の種類を意味するのに対し、a box of matches（match に単数、複数の違いがあるので必ずしも引き合いに出すのはどうかと個人的には思うが）は、マッチの入った一箱のことである。

　A と B が同じ名詞でも、違った形式で表されれば意味も異なるのが普通である。しかし場合によっては、二つの表現が同時に存在し、同じ意味を表すものがある。

　　　goat's cheese　　goat cheese

　　　a doll's house　　a doll - house

　　　（British）　　　　（American）

アメリカ英語とイギリス英語で表現が異なっているが、両者の意味する所は同じだ。意味的な点から言えば、AB で表されるほうが妥当だろうが、A's B が使われている。

　AB が妥当な理由は、goat cheese の場合、cheese はヤギからだけ作られるわけではなく、他の動物からも作られる。いくつかのチーズのタイプの中の一つに過ぎない。だから AB の形式がピッタリ合う。

　一方、A's B で表現されている場合は類推が影響している。goat は生き物だ。そのため生物を基本とする A's B の A もまた goat を受け入れる条件を満たしている。その類推があるからこそ表現として定着しているのだろう。

　少し別の話になるが、Taylor（1989b）では、A's B の形式のスキーマを探る際、二つの用法を例外として分析対象から外していると述べたが、これも同じよう

な心理的な類推が働いていると考えられる。除外された二つのうち descriptive genitive と分類されている用法で、a women's college のような表現だ。日本語訳は「女子大」という、大学の一つのタイプを指し、AB で表現される類いのものと同じ意味だ。意味するところは AB で表現される内容であっても、A's B、AB 二つの表現が同時に存在するのは、ここでも A's B の形式が担う A の性格の類推があったと考えられる。どちらが好まれるかはどの程度社会に習慣として定着しているかによる。

　ところで、Swan は AB で表される表現が定着しつつある一つの言葉の証拠として、8つに分類している表現のいくつかは一語で表現されたり、ハイフンでつなげられたり、完全に二語であったりと、表現にバリエーションがあると述べている。たとえば次の例は3つの表記がある。

　　　head master　　head-master　　headmaster

これは書き言葉として、語がどの程度一語として定着しているかを表している。一語で表記されている場合は、二つの語が別々に表記されている場合より一つの概念としての意識が強い。逆に、二語に分けて表記される場合は、二つの語が組み合わさっている認識が強い。ハイフンの入っている表記は、その中間に位置するものになる。

　ごく簡単にではあるが、以上で、A's B、B of A、AB それぞれの形式が果たしている共通性、各形式間で二つにまたがる表現、A's B の共通性から外れる例の一つを見た。各形式の持つ特徴に合わず、反例と思えるような例であっても、多くは推測できる理由があり、決してでたらめに存在しているわけではない。大半の例は A、B の特徴や両名詞の関係に見合う形式で表されていると言えるのである。

第 2 章

● 2.12 日時の表現とそれぞれの形式の間の関係

では問題となっている日時の表現は、A's B、B of A、AB それぞれの形式とどのような共通性を持ち、表現が振り分けられているのかを見たい。

2.12.1 B of A と AB

まず B of A および AB で表される日時の表現から検討する。この二つはそれぞれの形式で表される理由が比較的見つけやすい。

AB が使われる代表的な日付の表現は Monday morning（月曜日の朝）や Wednesday afternoon（水曜日の午後）、Saturday night（土曜日の夜）のような曜日の時間帯に関するものだ。これらは B of A では使われない。

*on the morning of Monday

*in the afternoon of Wednesday

*on the night of Saturday

一方、月日を表す表現は、逆に B of A が使われる。

on the morning of July 30　（7 月 30 日の朝）

on the night of Oct 24　　（10 月 24 日の夜）

同じように時間帯を表す表現であるのに、A の語が違うと、使われる形式が分かれる。どれも午前、午後、夜など一日の時間帯を表しているから、A と B の意味関係は基本同じである。一日という点から見れば、部分と全体の関係にあり、A's B、B of A、AB のどの形式にも問題が起こらない意味関係である。強いて言えば、A が無生物で部分全体関係を担う点から、B of A が受け持つと予想できる。それなのになぜ曜日の場合、B of A ではなくて AB の形式に

2.12 日時の表現とそれぞれの形式の間の関係

なるのか。

それは A と B の関係が、どの程度の頻度で使われる内容であるかが影響している。

曜日は 7 つしかない。我々は日常生活において週 7 日というパターンを基本としており、週単位で行動する人が多い。毎週この規則的な繰り返しの中で生活を営んでいるのであるから、習慣化した日課となっている。だから on Sundays とか every Monday のような表現がある。

一方、特別な休日や記念日、一回限りの行事を除けば、何月何日という日時の観点から日常の計画を立てることは少ない。一年 365 日の日時から計画を立てたりする人もいるだろうが、多くの人は曜日のパターンが社会習慣化しているし便利だ。曜日に従って行動を決める場合が大半だ。だから morning や afternoon のように同じ時間帯でもどの観点からかで形式の選択が違ってくることになる。教員をやっているので個人的な経験から言うと、時間割の調整作業は曜日が重要だ。つまり習慣となる日課なのか、定期的な行動なのか、それとも不定期か、長いスパンの中で一回きりなのかが、表す形式の選択に影響するのだ。これが AB、B of A の形式の担う意味に、より合っているかどうかで決まるのである。

先ほど述べたように、曜日は多くの人にとって社会生活でパターン化した、一つのサイクルと認識されている。なじみのある、一番身近に習慣化されたものだ。また人間の認識力、記憶力においても適切な数だ。7 はサブタイプ的なものを語る際に、ちょうどよい範囲にある数なのである。こういうことから、固定化した表現として定着することに無理のない数なので、AB の形式が 3 つの形式の中では最も適していることになる。

曜日が日常の行動と深く関係しているように、一年で恒例となっている特別

137

第 2 章

な日の多くも、別の意味で習慣化された意味を持つ。だから AB で表現される
のが適切だ。たとえば日本の祝日は以下のように訳される。

Adult's day　National Foundation Day　Green Day　Constitution Day

Children's Day　Marine Day　Senior Citizen's Day

Labor Thanksgiving Day　The Emperor's Day

それぞれ順に「成人の日」「建国記念日」「緑の日」「憲法記念日」「こどもの
日」「海の日」「敬老の日」「勤労感謝の日」「天皇誕生日」という意味だ。英語
で Christmas Eve や Easter morning などの表現が AB の形式で表現されるの
も同様だ。

　ただこれらの例からもわかるように、A が人の場合（Adult's Day, Children's
Day, Senior Citizen's Day, The Emperor's Day）A's B が使われている。これ
には二つの理由がある。一つは goat's cheese で見たように A が生物なら、タ
イプを表す場合でもその類推が働くということ。もう一つは一年のうちの特別
な日は年に一度しかないという A's B が担う個別的な意味合いも同時に持って
いるという点だ。両方の形式にまたがる中間的な存在なのである。

　A's B は dog's food で見たように、個々の B を指し示す時にも使われる。特
別な日というのは、見方によって A's B からも AB からも捉えられる両面性を
同時に備えている。だから A が人である場合は A's B が使われることが多い
のだろう。

2.12.2　A's B と B of A

　では A's B と B of A に関してはどうか。A's B、B of A が持つ特徴の違いの
一つは、Taylor（1989b）に指摘されているように、A's B の A には B を特定
する機能がある、つまり定冠詞の役割があるという点だった。一方の B of A

2.12　日時の表現とそれぞれの形式の間の関係

には、形式としては B を特定する性質はなかった。B が特定されるのは形式が
持っている性質のせいではなく、A が B より顕在性が高い場合と、A と B の
関係性からだ。言い換えれば、A と B を比較すると A が目立つ場合だ。部分
と全体なら A が全体で B が部分の場合だ。

　ただし、一つ気をつけないといけないことがある。それは B of A には A と
B の結びつきを人が自由に解釈する余地が残されている点である。B of A は
内的な意味関係を二つの語の間に見出せる限り、自由に結びつきを作り出せる
形式だった。たとえば a picture of me（私が描かれた絵の意）は A と B だけ
を見れば人と物であり、B が head noun なので、人である A から B が特定さ
れることになるから、不定冠詞の a ではなく定冠詞の the になるはずだ。しか
しこの形式には内的な関係しか表せない約束があることから、A と B は必ず
内的関係にならないと成立しない。そうすると両者間で考えられる内的関係は
B との関係から絵の内容（中身）しかない。そのため me が絵の中身（内容）
と解釈される。そして英語では中身が B を特定することはないため（a man of
ability（有能な人）と同様）不定冠詞となるのである。

　人と日時の表現との関係をどう解釈するかで、どの形式になるかが決まる。
B of A の例で見たように、A が B の特徴付けとなる場合（たとえば年齢であっ
たり性格であったりするもの）は、A が B の属性と見ることができる。そう
いう関係であれば B of A で表す。

　　　an artist of the year　　　　　　　a man of 1972

　　　（その年の代表的なアーティスト）　（1972 年を代表する人物）

以上のように考えると、AB そして B of A の場合の日時の表現は、形式の
担う意味に合っており、その形式で表されるのがふさわしい内容だと理解でき
る。

139

第2章

　問題だったのは、A's B の形式で表される A が日時の表現の場合だった。その最大の理由は A の特徴である人と日時の共通点が見出せないことだった。

　しかも日時で問題なのが、通常 A's B では A に具体的なものが、B には抽象的なものが来るはずなのに、それが逆転してしまっていることだ。たとえば today's newspaper を考えればわかるように、日時は抽象的なものだから、性質としては B に来る名詞だ。しかもこの例では B が具体的な物質だ。

　これをどのように考えればいいのか。本当に人と日時には共通性があるだろうか。

2. 12. 3　Deictic（直示的表現）― 人と日時の接点

　A's B の A には人が来ると論じてきたが、人といってもさまざまな表現があって優先順位がある。たとえば日本語で次の二つの文を見ると、一方がおかしいことはすぐわかる。

　　　見知らぬ人が弟にチョコレートをくれた。
　　*弟が見知らぬ人にチョコレートをくれた。

　下の文がおかしいのは、「くれた」という日本語には人間の視点が入っており、自分に近い人間に対し、その人より遠い関係の誰かが何かをする時以外は使えない表現だからだ。英語には「くれた」に相当するような、視点の入った動詞の表現はないが（英語では視点の入っていない「give」しかない）、日本語にも英語にも人に対するランク付け（共感度という）があり、近い関係と遠い関係の区別はある。他人と身内というような人間関係の段階性だ。この段階性の差は人間に限らず、生物なら本能的に持っている差別でもある。自分の子孫を

140

残すことを大切にする生物学的なことが根底にあり、それが言葉に表れているのだろう。(だからだろう、最近では犬が猫の子をかわいがったり、乳を与えて育てたり、という珍しい動画がネットに投稿されたりする。)

英語では Silverstein Hierarchy と呼ばれる段階性が知られている。簡潔に言えば、一番顕在性が高いのは一人称、つまり「私」だ。次が二人称である「あなた」、そして三人称となる。

ところで一人称や二人称はそれぞれ「わたし」「あなた」を指すが、こういった語の人物が特定されるのは、使われている会話の現場だ。実際いる場所でこの内容が初めて明らかとなる。

これまで A's B の A には人が来ると一括りに言ってきたが、一人称から三人称まで人称代名詞の A は実際の現場で内容が決まる。そしてこれがまさに A's B の A の典型だ。

この「現場」というのは必ずしも目の前だけのものに限らない。文脈の中で A の内容が決まることもそうだ。その場合、人である必要はない。事実、次のような文を我々は中学、高校で習ったはずである。

I live in the house whose roof is red.(the roof of which is red.)

I live in the house. Its roof is red.

(「私は屋根が赤い家に住んでいる」の意。70 ページにも同じ例を記載している。)

よくこういった例文が高校の教科書等には出て来たが、実際には赤い屋根の家は the house with red roof と表現することが多いようだ。それはともかく、the house's roof という言い方は、もともと標準的な表現としては容認できない言い方だ。A が物で人ではないからだ。しかし関係代名詞となると、本来は使えないはずの A's B の形式がこのように使われる。指示代名詞の its も同じだ。

第 2 章

　なぜ可能になるのか？　それは whose も its も文脈に置かれて初めてその内容が明らかになる特徴を備えているからだ。A's B の A は人とばかり思い込んでいたが、こういった例を見ると、A's B という形式の本当の A が持っている重要な特徴が直示的な性質であることがわかる。だからこそ無生物の名詞では本来使えないはずの関係代名詞や指示代名詞に、このような用法があるのだ。もっと言えば、これこそが A's B の A の本質ではないのか。そして A's B の用例の典型が所有関係と言われる理由は、「A と B の意味が特定されるのが文脈や発話時に決まる」からではないかと考えられる。

　生物として、我々は生きているものに目が向く。現実の場面では動いている動物、列車、飛んでいる鳥など、動いていないものと動いているものなら、間違いなく動いているものに必然的に目が向くことは経験している。

　写真ではどうか。写っている中で最も大きなものに着目することは当然だが、そこに人が写っていれば人に惹き付けられる。人が人に着目するのも生物的な宿命だ。これは人に限らずどんな生物も、生きていくために同種のものに反応する。他種の動物、植物とは違う度合の注目を引くことは当然のことだ。（ここでは詳しくは論じないが、英語では人が特別な位置を占めていることは池上氏の『英文法を考える』にも指摘されている。）「する」と「なる」で見たように、ある特徴が言語全体に浸透することが起こるなら、人が特別な地位にあるという特徴もまた言語全体に広がり、A's B でも人を特別なものとして見てしまうのは自然なことだ。

　ただ、人が特別な地位を占めているのは間違いないが、人の名前などを表す固有名詞やそれに準ずる名詞を除けば A's B の A の大半は所有格の my や your あるいは his や her、their のように、人を指す名詞である。そしてそれらはすべて現場でその中身が特定されるという特徴のあることがわかる。この

142

2.12　日時の表現とそれぞれの形式の間の関係

点が日時の表現と共通するのである。代表的な例である yesterday's event や today's newspaper の「昨日」とか「今日」という表現は、my や your 同様、実際に会話が行われている日（現場）で内容が決まる。

　特定の週や年を表す語と一緒に使われても、A が B を特定するには至らない表現があった。AB や B of A でも取り扱った以下の右側の例だ。それぞれ上から「その年を代表するアーティスト」「1972 年を代表する人」「その週に最も話題になった人」という意味だ。これらも日時との関連から B の内容が明らかにされた例である。A が B の特定に至っているかどうかという点だけから言えば、my friend と a friend of mine の間の意味の差に似ている。いずれも「発話の時点で」B を特定する場合は A's B がふさわしい。

　　　today's newspaper　　an artist of the year

　　　today's menu　　　　a man of 1972

　　　yesterday's events　　a man of the week

こう考えると、日時の表現は A's B の用法の中で決して例外などではない。現場で内容が特定されるという特徴を持つ点で、一人称、二人称、三人称の人称代名詞同様の特徴が日時の表現にはあるのである。

　日時との関係で語られる B を表す方法として、A's B、B of A、AB のどれが一番ふさわしいかは、以上のような点から決まる。そしてそれはまさに、形式の特徴にしたがって、意味的に合う A と B の組み合わせが表現されているという、認知言語学の考え方が正しいことの証明となるのである。

　最後に一つだけ、以上の説明を裏付ける例を挙げておきたい。

　Langaker（1993）は、次のような状況では、部分と全体が逆転しても正しい文になるとしている。あまり想像したくない例だが、犬が道路で車に轢かれ、死体がバラバラになっていて、胴体が見当たらず、尻尾だけが目に入ってきた

143

第 2 章

時は次のような表現が可能である。

　　Where is the tail's dog？

　　（その尻尾の犬はどこだ？）

　本来の状況なら、部分と全体関係では全体の顕在性が高く、部分が目立たないわけだが、こういう状況では部分の方の顕在性が高くなる。

　日時の表現 A's B では、B という物理的存在の方が、抽象的性格を持つ A の語より顕在性が高く、問題だったわけだが、例えば today's newspaper のような表現も、today は発話時点に自分が立って、初めて言える表現なわけだから、その点ではこの例と共通している。

　日時の表現は、このような特別な状況で使われる A's B の例との接点を指摘できることから、決して例外ではない。むしろ形式の持つ性格とよく合っている用例だと言えるのである。

2. 12. 4　除外された用法との接点

　日時の表現が A's B の形式で表されることが定着すると、それがきっかけとなって、そこから Taylor が A's B の説明から外した用法と接点を見つけられる。

　Taylor は共通性を求める際に、A's B の用法から次の二つを除外した。

　　descriptive genitives：a women's college

　　genitives of measure：ten days' absence

両用法とも A は B を特定していない。A は B の内容（中身）となっているからだ。B の中身を表している A は B を特定することがないのは既に B of A の例の所で説明した通りだ。（cf. a man of ability や a picture of me）そのため A's B の他の用法と質的に違っていることからこの二つは除外されていたが、これらは B を特定はできないものの、A's B の他の用例と接点がある。一

144

つは A が人である descriptive genitives の例だ。この genitive（別の例を挙げれば、girls' school のような例で「女子校」を意味する）の A には B を特定する定冠詞の役割はないが、人である点では他の用法と共通していてつながりがある。だからその延長と捉えられる。

　歴史的な経緯とは関係ない。A's B の A に人を中心とした名詞が残ることで、こういった表現がその特徴に引っ張られる可能性はある。あるいは当初は他の例と同様、特定する意味合いを持っていたが、意味が変化して特定しない内容になっていった可能性もある。

　もう一つが genitives of measure の表現だ。today や yesterday は現時点との関係を指し示す意味の語であることから定冠詞的な役割を持つ。しかし日時に関係はあるが、現時点を指標としている表現ではないものもある。それが two days' journey の two days だ。厳密には日時と言ってよいかどうかわからない。しかし現時点との関連で使われる日時が、A's B の表現の代表的な例の一つになると、それに関係する表現を巻き込んでいくことは可能性としては十分ある。girls' school にしろ two days' journey にしろ、B の中身を表している点では B of A が部分と全体のあらゆる関係を表すため、その形式が使われていい関係ではあるが、そこが言語の恣意性だ。つまり二つの可能性があったということになる。一つは A's B の形式の A の延長上という形式が選ばれるか、それとももう一つの A と B の内容に合う B of A の形式が選ばれるのか、だ。結果的には形式の持つ特徴からは例外となってしまったが、A の特徴からの延長線上にある A's B の用法の一つとして、それぞれ確立したことになる。

　ただ、多くの語や形式は、きっちりと境界線があるわけではない。関係する語や形式と重なり合う領域がある。言語とはそのような特徴を持つものなのである。

第2章

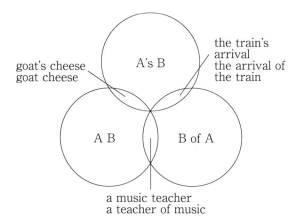

2.13　最後に残る問題

　A's B の A が現場にある人や時を指す特徴を基本としていることを見たが、結果的に A には人を中心とする生物としての特徴が色濃く反映されることになった。train のような語は無生物ではあるが、動く性質を持つことから生物に準じる扱いを受ける。動くものに人は着目するという生物的な性格から、無生物であっても train が A として許容される対象になったと考えられるからだ。このような連想は少し広げると、いくつかの例は延長上にあると捉えることが可能だ。人が集まって人と同様の働きをする、人と同等に考えることが許されるようなもの、たとえば government のような語が A に来ることもこれに当てはまるだろう。だから例外についてもある程度説明がつきそうなものはある。地名に関してもこれに似た事情がある。地名を意味する名詞は第一義的に人を表さない語でも、英語では人と解釈される場合がある。そのときは A's B で表現することが許容される。よくコンサートでアーティストが地名を言い「～の人達」の意味で使うことがある。たとえば Tokyo が東京という地名の意味ではなく、東京の人を意味する場合は可能な表現だ。

　それに類似した例を（Hayase: 1993：139）は以下のように挙げている。

　　　Osaka's destruction of the theater（OK as Agent）

　　　Western Japan's employment of woman executives（OK as Agent）

　これらは大阪や西日本を意味する A が人の解釈の場合は表現として可能という例だ。地名が A's B の形式で表されるのはこの事情からだろう。

　問題なのは、人間の行為、活動と関係あるとされるいくつかの例だ。そんなに数は多くないが、以下のような例である。Quirk et al.（1985：324）や

147

第 2 章

Swan（1980：424）の例を記載する。

the body's need　the game's history　my life's aim　science's
influence　the poll's results　love's spirit　the brain's total weight
television's future　duty's call　the plan's importance　the mind's
development　the report's conclusion　the treaty's ratification　the
book's author

　人間に関係するいくつかの名詞は A's B で表される、とある。しかし「人間
に関係する」というのは取りようによってはいくらでもあるわけで、この言い
方ではよくわからない。

　全体から見れば、こういった例はごく少数だ。これは説明できない例として
認めなければならない。ほんの一握りの、こういう例外をも、典型的な例と共
通性を見出そうとするやり方は、有意義な結論を導き出すとは言えない。例外
がすべてに起こるといっていいくらいの言語現象において、このことは再度強
調しておきたい。

148

第 3 章

第 3 章

● 3.1 生物学的な観点に行き着く理由

　人間が言葉をどのように獲得していったのか、は言語学の大きな問題だ。実際のところ、いろいろな説があって、身振りから生まれたとされるのを始めとするいくつかの説をといた本を読んだことがある。すべての文献を熱心に読んでもいない不勉強の私が、言葉が生まれたからくりを正面切って語ることなどできない。英語の所有構文を分析し、そこから推察するだけでは不十分だとも思う。ただ所有構文を分析して見えてくる事実から感じたことを検討し、一つの仮説を提案することはできる。

　もともと私がこの分野に興味を持った頃から、以下のような議論がいくつかの本に書かれていた。一つは生成文法という、言語理論の背後にある考え方だ。人間はある環境に置かれると、どんな自然言語も習得できるわけだから、言語を習得できる能力が生まれつきある。それを生得的（せいとくてき）という言葉で表現していた。そして人種を問わず、どんな言語であっても習得することができることから、すべての言語には共通する普遍的な法則があるのではないかということ。すなわち、普遍文法というものが存在し、それが表面上は形を変えて、一つの言語として現れていると。だから生成文法が、当初変形文法と呼ばれていた時代には、表面上現れている文と、背後にある文、という考え方から、表層構造、深層構造という二つを設定し、その二つがどのように関連しているかということを、変形という手段を使って説明していた。疑問代名詞のwhat が文頭に出てくるとか、受動態は能動態からできたものだとか、そういう例で変形文法の真髄を教えられた。これは第一章でも簡単に紹介した。

　確かに、人間は特別な状況に置かれない限りは、どんな子どもも言葉を話す

ようになる。それは他の動物にはない。オウムが人間の言葉の真似をするのとは違っている。オウムは人間の言葉を理解しているわけではないし、人間のように教えられていない言葉を発することはない。だから言語が人間特有のもので、生得的である面は否定できない。

一方、私が取っている立場の認知言語学は、人が言葉を習得するには経験的なことが根底になっている、という立場である。上とか下、右、左という概念は経験して習得するし、文の主語と目的語の語順の説明では、動くものに着目し、それが別のものに作用する際の時間差が反映されていることを見た。そこには、この世に生まれてきて経験する内容が反映されているわけだから、生得的な文法的部分があろうと、それが言語の形成に関わり、具現化したことに間違いない。

言語能力とは生まれ持った能力だというのと、生まれたあと経験の中で習得していくという立場は、全く異なったアプローチだ。そして生成文法がどんなに形を変えようと、そして時とともにその理論の内容が変わっていこうと、根底に流れている思想、つまり言葉は生得的であるという立場は変わらず、一方の認知言語学（認知意味論とも言われる）も、根底の考え方は変化していない。それが二つの理論が対立する大きな要因になっている。

先ほど述べたように、この点をどのように考えるかという、大それたことを議論するつもりはない。ただ自分が行ってきた分析によって見えてきたことが、たまたま興味ある別の分野の一つであった生物との関連から、それが言語の形成に大きくかかわっているのではないかと思ったのだ。そしてそのように考えているのは、おそらく私だけではない。生物言語学という分野もあるし、多くの言語学者がいろいろこの点を考え、議論しているようにも思う。

以下は私が所有構文を分析してきた中で、考えたことである。一つの仮説と

第3章

して提案しておきたいが、個々の話に入る前に、およその全体像を述べておきたい。

　数知れない環境の変化をくぐり抜け、現在いる生物は生き延びてきた。環境の変化は大きいものから小さいものまでさまざまだろうし、あまりにも大きな変化の場合は、絶滅していった種がこれも無数にあっただろう。生物が生き延びるためには、生物自身が変化しないといけない。当然その変化は環境に対応する形で、だ。この場合の環境とはあらゆることを意味する。

　しかし、それには外界の変化を敏感に、正確に把握し、捉えないといけない。もちろん把握しただけで終わっては駄目で、それに対応できるように変わっていかなければならない。その変化は生物が移動することによって対応できる範囲のことであればそうすればいいが、それでは太刀打ちできないような環境に置かれることだってある。その際に、生物に変化していく能力が備わっていなければ、そこで絶滅してしまう。変化への対処も生物の意思によるものから（たとえば寒いところから暖かいところに移動する）、体の機能を変えていったり、既に組み込まれている能力をうまく使うことまで幅がある。生物の各臓器が働いているのは、生物の意思で動いているわけではない。自然と備わっているメカニズムだ。そういう機能が、外界に対応することで変化の方向を決め、生存を支えている。だからどんな生物も変化していく能力はもともと持ち合わせている。

　変化の方向の可能性は一つではない。いくつもの選択肢があり、そのうちのどれが最も適切であるのか、それが最終的に自然と選ばれる仕組みになっている。もちろんそれで絶滅することだってある。だから最も適切であろうはずの選択も、あくまでもその時々の環境を判断してのことで、絶対的なものではないのだろう。予測がすべてに関してつくわけではない。あるシカの仲間が絶滅

152

3.1 生物学的な観点に行き着く理由

した種の説明に、角が大き過ぎて邪魔になったという内容など、本来はプラスに働くはずだった進化が、逆に致命的になった例も本で読んだことがある。だから絶対とは言えない。

最近は遺伝子組み換えの食品が作られて賛否両論を巻き起こしているが、そこから類推できることは、いくつもの変化に対応する能力が潜在的に備わっているからこそ、組み換えの選択の可能性は無限にあるのだ。その可能性を利用して、ある植物は寒さに強くなるよう改良され、ある作物は塩害に対して強いものに、と改良される。

そういうのは人間の都合によって変えられるものだ。人の手が入るという点では品種改良も同様だが、いずれの場合も、生物が持っている本来の無数の可能性を応用しているのである。

以下で、植物の外敵に対応する方法のいくつかを紹介するが、それを見ると植物は環境に応じていくつもの防衛手段、生存方法を取っていることがわかる。何が天敵になるかわからない。環境がどのように変化するかも未知の部分がある。気温が暑くなるのか寒くなるのかはその時々で変わる。気温だけではない。植物なら自分を食料にしてしまう虫への対処方法だって必要だ。病気も発生する。だからいろいろな対処の方法がなければならない。何が生き残るために必要なのかの予想が困難な場合もある。自分を脅かす存在はその時々で違うことだってある。

しかも変化の必要性は一世代だけがかかわるわけではない。より有利に生き延びるためには次世代にそれをさらに発展させていってもらう必要もある。そうでなければ、近い将来の世代で絶滅してしまう。だから持続的でないといけない。寒冷化が進んでいくとすれば、数世代先にはこれに対応できるよう、子孫が変化できるように変わっていかないといけない。しかしこの寒さは一時的

153

第3章

なものかも知れない。だから体内で特定の一つの方向性に向かって進んでいっても、常に別の方向にも対処できる柔軟性が必要だ。哺乳類は海から陸にあがって進化していったが、鯨の祖先は一旦陸上にあがった動物が、また海に戻っていったことが知られているが、このことからも、柔軟性のあることがわかる。一旦選択されても、引き戻すこともあるのだ。

　人間に限らず、どんな生物もコミュニケーションを取る。コミュニケーションがなければ生物は生きていけない。最近では植物同士もコミュニケーションを取っていることがわかり、いくつもの本やネットで新しい事実が紹介されている。自分だけの防御ではなく、危険が迫っている場合、近くの仲間に合図を送るらしい。同じ種の存続を守るため必要だから、そのようなことが発達したのだろう。高等動物になればなるほど、体の作りが複雑になっていくから、防御の方法もそれに対応して発達していくことになる。

　では人間のように高度に発達した生物はどのような防御能力を身につけるのか。防御は気候、食糧の確保、病気などさまざまな面にわたる。たとえば大きな哺乳類で、力では適わないような敵に対処するには知恵が必要だから、それを伝えるコミュニケーションがより高度になるよう変化しないといけない。高度になるということは複雑になるということだ。他の動物のように、本能だけで身を守るのではなく、本能を越える能力を持って、対応していかなければならない。本能だけでは環境に対して、決まった対処方法しか行使できないだろうが、知能という、それとは違った能力を育てれば、新しい対処方法を生み出す力が生まれる。いろいろなことに対処できる方法を獲得できれば、生存の可能性がより確実に広がっていく。

　ではどのようにコミュニケーションを高めていくのか。その手段として生まれたのが言語だと言える。最初は単語レベルだったかも知れない。ただ、たと

154

3.1 生物学的な観点に行き着く理由

え単語であっても、単に叫ぶよりは、格段にコミュニケーションの能力は高ま
る。『犬語の話し方』という本があるが、そこには犬同士のコミュニケーショ
ンが鳴き声の変化や伏せる体位など、さまざまな表現を組み合わせた例が紹介
されているが、大型犬ならかなりの意思を表示できるという。相当の内容を伝
えることができるのだ。

　単語の能力は、実際の生活において獲得されていく部分が大きい。犬も実際
の訓練で人間の言葉を覚えていくのだから、実践があって初めて身につくこと
だ。単語は一種の合図に相当するものだが、言語によって発音が相当違うのに、
その違いを認識する力は人間と同じくらい、犬にもあることから、その能力は
想像以上に、多くの動物が持っているかも知れない。(はっきりわからないが、
古代から犬は人間のペットとして飼われていたようなので、その過程で人間の
発音をかなり聞き分ける能力を犬が独自に発達させたのかも知れない。) 犬の
喉が人間のような発音をする器官になっていないので、しゃべることはできな
いが、文を作る基礎となる語を人間同様に習得できる能力は、明らかに生物の
認知能力からだ。文法が生得的、ということで生成文法は主張しているので、
語をどのように考えているかは研究者によって意見が分かれるかもしれない。
しかし語の延長に文があると考えることが許されるのなら、犬もまた文を作り
出す能力はあると言える。なぜなら犬がコミュニケーションを取るときには、
いくつかの吠え声や体位を組み合わせて、多くの意思を伝えようとするからだ。

　ところで、ジェスチャーの複雑化は、人間が2本足で立って手が自由になる
ことで発達し、直立姿勢で生活することによって重力のおかげで喉が下がり、
人は声を獲得するようになったようだが、そうなると声がジェスチャー以上に
重要な手段に取って代わり、以降、声を使って、より複雑なコミュニケーショ
ンの発展が起こったと推測できる。最初は文と言っても単文のような、ごく簡

155

第 3 章

単な文の構造だったに違いないが、入れ子のように文の中に文を埋め込んでい
く複文に発展していった。そのような方向に進むところにも、生物が複雑化し
ていくメカニズムが関与しているのではないかと推測できる。生物が進化して
行く方向性と同じことがコミュニケーションにも起こった。それはまさにその
原理が関与しているからではないのか。なぜなら言語は、他の動物のコミュニ
ケーションがそうであったように、生存を有利にするために生まれてきたのだ
から。

　人間が言語の習得を通して、本能の上に（本能を補うように）、より確実な
生存の手段を獲得する方向に進んだのであれば、そこには生物学的な生存のメ
カニズムが反映されていてもおかしくはない。

　以下では言語と生物の持つ類似点を指摘し、その仮説を論じてみたい。

156

3.2　言語と生物の類似点について

　英語と日本語の比較からわかったように、言語は一つの傾向を見せ、各品詞や表現も、でたらめに変化しているわけではなく、ある方向に沿って変化する。英語と日本語で傾向の違いを分けた大きな要因は他動性だ。他動性が強いか弱いか、その程度の違いが「する」と「なる」という差を生んだ。

　この「程度の違い」による差によって、その存在の方向性が決定する例は生物にも見られる。言語と生物に共通のメカニズムがあると仮定した場合、生物すべてに「共通の原理はない」と言えるなら、それは言語にも言え、普遍文法の存在を主張する生成文法とは反対の、認知言語学の立場を確認できることにもなる。

　他動性の程度の違いが、英語と日本語の言語傾向を変えたところをみると、「程度」には逆の性格に変化させてしまう力があることになる。先ほども言ったが、程度がその後のあり方を決定してしまうということだ。

　ところで、環境に対応し、変化することには、いろいろな段階がある。裸足で歩いたり、バットを素振りしたりすると、足や指の皮が厚みを増してくるのもその一つだ。しかしそれは部分的、一過性の変化でしかない。ここで言う変化とは、一過性のものではなく、言語が一つの傾向を作り上げたように、生物が程度の違いで一つの方向に向かって全体が変化することだ。自然の摂理と言えばそれまでだが、生物の意志とは無関係に、組み込まれたメカニズムで変化していく。「する」的にしようとか、「なる」的にしようとか、言葉をある方向に変化させようという意識など、我々は普段持っていない。それでも言語は何かに導かれるように自然とある方向に向かう。これと同じことが生物には起

第3章

こっている。自然と変化していくのだ。ただし変化の際、必ず選択が行われている。

　たとえば、ある動物が寒い時期に食糧を得られない環境に置かれると、どのような手段を取るかは、種によってさまざまだ。取れる時に蓄えて、取れない時にその食糧を使う種もいれば（蟻とキリギリスの物語が昔あったが、蟻はそのような生物に当たるだろうか）、寒いところから暖かいところに移動して食物を得ようとする渡り鳥のような種もいる。人間のように食糧を手に入れるため、栽培という手段を取るものもあれば、冬眠という生存の手段を取る種もある。いくつかの選択肢があるのだ。しかしそのためにはそれに適合するよう変化しなければならない。たとえば冬眠という手段を取った場合、長い期間食べ物を取らないでも生きていられるよう、体の仕組み全体を変化させなければならない。どの手段がそれぞれの種で有利かがいろんな総合的見地から判断され決まるのだろう。

　また、特定の食物しか食料にしない動物に比べると、雑食の生物は生存を有利にする。なぜなら特定の食物が何らかの理由で手に入らなくなるとそれを糧にしている生物は死んでしまうからだ。しかし雑食になるためにはどんな食べ物にも対応できるよう体の中が変化しなければならない。それは相当な負担を体に強いることになる。一時、狂牛病という病気が社会問題として話題になった。その際、肉骨粉という言葉を聞いた人も多いと思うが、草食動物であった牛に、肉や骨を砕いたものを食糧として与えた。つまり草食動物に肉食動物と同じ食料を与えたことが大きな歪みを牛の体に生じさせてしまった、人間が創り出した病気だ。あのような例を見れば、体内で食物に対応する変化が容易でないことは明らかだ。草食動物が肉食を受け入れていくには、人間の都合ではなくそれなりの生物的な必要性が起こらなければ、体が受けつけない仕組みに

158

なっているのである。

　少し話が外れてしまったが、ある一つの程度の差をきっかけに、言語が変わっていった例を「する」と「なる」で見たが、生物の体全体が変わっていく場合どのような例があるだろうか。

3．2．1　程度の差が生み出す、それぞれのあり方

　程度の差から変化する一つは爬虫類の性の例だ。爬虫類の中には温度によって雄になったり雌になったりするものがいる。すべての爬虫類の性が温度に依存するわけではないが、名古屋大学の島田清教授によれば、調べられたすべてのワニ類、多くのカメ類、一部のトカゲ類で、温度が違うことで性が決定されるという。特にワニ類ではほとんどの場合、卵期間の中期の環境温度域の低いほうから、雄、雌、雄という一見不思議なパターンで個体の性が変化する。トカゲの中には低温度域で雌が生まれ、高温度域で雄が生まれる種もあるが、逆にある種のカメでは低温度域で雄、高温度域で雌となる。いずれも温度の程度の差が性の選択を決める。環境によって生存のゆくえが決まる例だ。

　もう一つ、糞虫の例を挙げると（デビッド・スローン・ウィルソン：2009）餌は動物の糞であるが、オスになる場合、幼虫のときにどのくらいの量を餌にするかで生き残る行動様式が決まってしまう性質を持っている。オスになるか、メスになるか、はサナギになる段階で、特定の性染色体の有無によって決まるが、オスになることが決まった場合、そのオスがどのようなオスになるかは餌の量で決まる。餌を多く取ったものは角が生えるが、多く取れずに成虫になった場合は角が生えない。体の大きさから角が生えるかどうかが決定されるのだ。それによって行動に差が生じる。多く餌を取ったオスは角が生え、闘争する機能を持つため、自分の作ったトンネルの中にいるメスに他のオスが近づかない

第3章

よう見張りをする。しかし餌が少なかったオスは角が生えない。もとより体の大きな角のあるオスには勝てないため、子孫を残すためメスのいる近くにトンネルを掘って、メスに近づく方法を取る。しかもこの戦略を取る場合は、トンネルを進む時、角がかえってじゃまになるため、ないほうがよい。体が小さくて相手と戦えないという不利な条件を逆手に取って、角を持たない戦略を取り、その条件を活かした子孫を残す方法を取るのだ。これらの例でも温度や餌の「程度」の差が、性や生存の方法を決定していることがわかる。

3.2.2　代替という共通性

　程度の差が、そのあり方自体を決定づける点で、生物と言語には似た特徴のあることを紹介したが、それ以外にも共通点はいくつもある。その一つが代替だ。

　代替の例は、英語なら形式と意味の関係を崩してまで、別の形式で代替する必要性が出てくることを見た。それ以外にも語における辞書の説明の例をはじめ、いくつかの代替を紹介した。

　言語はある要素が欠けても、それで途端にコミュニケーションができなくなるわけではない。ある言葉が思い出せない場合、別の表現を使う。コミュニケーションは現場とのやり取りが基本なので、常に予測できない事態に直面する場合がある。それだけに多様な表現があると便利だ。

　また、ある内容を伝える際、比喩的に伝えることも日常ではよくある。人間が人工的に作り出した暗号のような言語は機械的で、一旦崩れると解読が不可能になる。しかし我々の使っている言葉はそうではない。ジェスチャーや、逆に沈黙によって意思を表明できる場合もあり、バリエーションの広い代替が存在する。多様な選択肢はバックアップ的役割を果たし、コミュニケーションの

160

存続を大いに助ける。

　生物も似た特徴がある。一つの例は福岡（2007：238-254）が膵臓にあるGP2というタンパク質の有無が何を引き起こすかを実験した例が紹介されている。膵臓にはGP2という多くのタンパク質が存在するが、このタンパク質が膵臓でどのような働きをしているのかを調べようとした。このタンパク質は膵臓に大きな割合で存在していることから、何がしかの役割を担っているはずで、それを確かめようとGP2がないノックアウトマウスを作った。（ノックアウトマウスとは人工的にある要素を欠いた状況を作ったネズミのことである。）GP2のタンパク質がなくなることで体にどういう異常が起こるのかを調べれば、その役割を見ることができる。

　ところがネズミの膵臓には通常はGP2が多くあるにもかかわらず、全くない状況を作り出しても、生存に何ら影響も及ぼさなかったという。何らかの働きをするためにGP2が存在しているのであろうが、なければその代用を他の何かがやってくれることによって体の中を正常な状態に保ってくれることがわかったのだ。（あとで、GP2がどういう役割をしているのかがわかったと述べているが、それはまた別の話なのでここには記載しない。）

　このような柔軟性は機械では見られない。機械ならどこかを壊せば、それに関連するところが何らかのトラブルを起こす。暗号と同様である。

　人間が意図的に作り出したわけではない自然言語に、代用という特徴が備わっているのは、生物の持っている生存に対する防衛も反映されているからではないかと考えられる。

3.2.3　階層的であること

　生物や言語は階層的な構造をしている点でも共通している。言語学の一つ

第3章

の分野に統語論というのがあると、第一章の6で紹介したが、そこには tree diagram という図が頻繁に出て来る。英文には単文、複文、重文という種類があると習うが、John knows that Mary knows the fact. という複文（主文に従属する文があるもの）は、主節の John knows に that 以下の文が埋め込まれている。主節とか従属節という言葉からもわかるように、主語と動詞を持つ文でも、同じ地位にあるわけではない。John knows 〜 の文には別の文が埋め込まれている。情報の多い文を作ることができるのは、このように階層的な構造をしているからである。

　階層構造は名詞にもある。英語では a girl of blue eyes in my class とは言えても、a girl in my class of blue eyes と言うことはできない。of blue eyes という句は in my class よりも a girl との意味的関連が強く、形容詞の語順でも見たように、本質的な特性は名詞に近い位置に置かれる。名詞と形容詞句との間にもきちんとした階層があるのである。

　語句にせよ、文にせよ、言語には階層があり、繋ぎ合せて段階的に大きな単位を作る。英語ならアルファベットをつなげて単語を作り、接頭辞や接尾辞を付け加えて語の意味を拡大し、そこに前置詞等を伴った語句を付け足したりしながら大きい単位にし、つないで文を作る。さらに文と文をつないで複文や重文を作り、パラグラフを作り、さらに章を立てて長文にする。この性質は各言語で共通していることからも、言語により階層の性質は異なるものの、言語の重要な特徴と言える。

　生物も階層的な構造をしている。美宅（2002：26-27）の説明を引用しながらまとめると、

　"複雑な生物の体を作るために自然がとった設計方針は、階層的に構造をつくるということで、わたしたちの体は小さな細胞を重ね合わせて、端から端ま

で小さな細胞の積み木でできている。こうすれば、ひとつの細胞をつくり維持するだけのしくみと、分裂させて細胞を増やすしくみを用意すれば、小さなネズミから大きなゾウにいたるまで、ほとんど同じ命令のセットでできる。体が細胞の積み木によってできているように、細胞もより小さな構造体の積み木でできていて、細胞の部品は、核酸、タンパク質、糖、脂質などの分子である。ひとつの細胞をつくるのに、数十兆個のタンパク質がつくられる場合もある。しかし、あるタンパク質をつくるのに、そのための特別注文の装置を用意することはない。すべてのタンパク質をつくるのに、同じリボソームという装置を使いまわしている。核酸、糖、脂質も同じで、特別の場合を除いて、使いまわしがきく装置を使っている。"

"こうした装置の使いまわしと部品の積み木構造で細胞をつくっていくことには、大きなメリットがある。設計が単純で、そのための情報が最小限ですむからである。…小さな分子をつなげて高分子をつくり、それらの高分子をたくさん組みあわせて細胞をつくる。そして、細胞を積みあげて体をつくる。さらに言えば、個体がたくさん集まって、ひとつの社会をつくっている。単純なルールで非常に複雑なものをつくるのに、もっとも効率的なやり方が、階層的な構造形成であり、生物の体はそのようにしてつくられているのである。"

この説明からも、生物と言語の成り立ちに階層構造という共通性が指摘できる。根底に効率性や経済性があるということである。

3.2.4 共通するけど多様

成立している仕組みや内的な構造以外にも、生物と言語には共通性がある。すぐに思い浮かぶのが多様性である。数こそ違っているが、言語には数千という数の存在が確認されており、生物に至っては何百万種という数だ。数の違い

第3章

は人口数や地域的な隔たりが関係しているため、生物の数に及ばないものの、現在6千語と言われている言語数は、死語となっているもの、確認されていないものまで含めると相当の数に上るはずである。

　近藤滋、笹井芳樹、他（2011：48-53）の著作の第一章は『「共通しているのに多様」という生命の不思議』というタイトルがついている。その内容を見てみると、多様性が発生するあり方も言語によく似ている。第一章の記述の重要な部分を引用しながら、多様性の獲得に至る過程をごく簡単にまとめると以下のようになる。

　"生物を形作っているのはDNAで、我々はDNAがすべて支配しているような印象を持ってしまうが、実際は現場に対応している細胞の自主性にまかされていることが多い。大まかなことは遺伝子が決めて、あとは細胞という現場に任せる。それが生物の成り立ちの基本である。…そして現場に任せるということが生物の世界に大いなる多様性を持ちこんだ。"

　これを言語に当てはめてみると、言葉を習得するのは生まれたときに何の言語に触れるかで決まる。この場合、DNAに当たるのは言語間で翻訳が可能である名詞や動詞等、ものごとを概念化する能力だ。それと文の骨格にあたる基本的な成り立ち（名詞、動詞、そして主語、目的語に相当する関係）など生得的な部分で、あとは選択される言語にしたがって習得される語の意味の広がり等は細胞の働きに相当する。

　生物と言語に同様のメカニズムが働いている可能性はここにも感じられる。

3.2.5　言語習得と植物の栄養分獲得

　共通性は、人間が幼児の時に言語習得する過程と、植物の根が必要な栄養分を獲得する過程にも似たところがある。人間には言語を習得する期間というの

がある。生まれてある一定の期間で、その人の母語が決まる。生成文法の研究者は、何度も述べたように言語は生得的との立場だ。どんな言語であれ、人間は言語の法則を獲得する。たとえ赤ちゃんが親を始め、周囲の人たちの言葉を聞き、間違った表現、最後までしゃべられず、途中になってしまった完全ではない文を聞いた場合でも、その中からエッセンスを拾い出し吸収して正しい文法法則を習得するのだ。

　一体どうやって間違った文を排除し、正しい文だけを獲得するのだろうか。不思議なことではあるが、実はこれに似たことが植物にも見受けられる。

　植物の根も、まさにそのような過程を経て必要な栄養分を獲得する。『植物は知性を持っている』（2015：180-183）を抜粋しまとめると、次のような内容になる。

　"根は水や酸素、養分を探して植物の生存を確保している。しかし単に水を感知してその方向に伸びたらいいというものではない。酸素、ミネラル、水、養分は土の中のさまざまなところにあり、それぞれが分散していることもある。右へ伸びてリンにたどり着くべきか、左に伸びて、いつも不足しがちの窒素を見つけるべきか、下に伸びて、水を探すべきか、それとも上に伸びて、きれいな空気で呼吸するべきか？　対立する要求をうまく調整し行動を決定するには、どうすればいいのか？　さらに根が伸びていく際には、たびたびぶつかる障害物を迂回しなければならないこともある。

　その上、大切なことは1本の根にとっての必要性だけではなく、植物の個体全体にとって何が必要かということも考慮に入れなければならない。重力、温度、湿度、磁場、光、圧力、化学物質、有毒物質、音の振動、酸素や二酸化炭素の有無などを絶えず計測し、その結果に応じて根を伸ばしていく。単独で動いているのではなく、植物一個体の根系を構成するほかの無数の根とネット

第3章

ワークを築いているのだ。"

　根は植物にとってとても大切なものだ。根がなければ生存できない。だから重要な役割を担っている。必要なものを根から獲得しなければならないからだ。だから全体のバランスが最終的に取れるような仕組みが根には備わっている。

　言語も人間が生存のために選ばれた手段であれば、同じ機能が働いていると考えられないだろうか。先ほど述べたように、赤ちゃんは言いよどみ、間違った表現、正しい表現、そういった会話のすべてから取捨選択し、言語の法則を獲得している。無数に生えている根が一個体の植物を生かしているように。

　言語はある一定の期間、特別な言語にさらされることによって獲得される。植物の栄養分の場合は期間ではなく、生きている間ずっと継続している。その点は違っているが、両者には共通して、置かれた環境の中のたくさんのものから必要なものだけを選択して拾い上げ、全体のバランスを取る機能が働いているのである。

　そう考えると言語習得の現象は、言語学者の一部が考えるような、特別な現象では決してない。しかも植物の場合には脳がない。脳という特別な臓器がないのに、栄養分の複雑な取捨選択がバランスよく絶えず行われているのだ。動物に相当する脳がないのに、それに代わる能力は備わっている。

　だからこそ言語の習得にも生物が持っている、こういった根源的なメカニズムが背後で働いていると考えられる。言語が生得的だ、と主張するよりも、生物がもともと生きるために備えている取捨選択の能力が言語習得にも発揮されているということである。

　植物の根が必要なものだけを総合的に収得していく様は、実は生物の体にも起きている。取った食物から必要な栄養分を吸収し、いらないものは排泄していくという体のシステムも基本的に同じだ。脳は食物を欲するという命令だけ

3.2　言語と生物の類似点について

を発し、それにしたがって生物は食べ物を口にする。あとの処理は生物が持っている本来的なシステムに委ねている。

　生物が体を維持するためにバランスを取って必要なものを吸収し処理していく様は、言語を習得する際に、言語の必要な法則だけをたくさんの文の中から取得していくところと重なる。言語の習得は、生物が本来持っている生存に必要不可欠な特徴の延長に行われている。

　数千という数で存在している言語はそれぞれが共通するところはあるものの、独自に変化し、言語内で常に変わり続けている。その特性は生物が生き残るために備えている柔軟性に富んだメカニズムが反映されているからではないかと思う。

3.2.6　認知言語学と生物学の共通点

　さらに私が重要だと思っていることは、言語分析にあたり、数十年の間、議論の的となっている普遍文法の存在の有無である。

　塚谷裕一氏は（2015 年 4 月に公開されていた research map におけるインタビュー「つながるコンテンツ」からの引用）生物の本質のひとつは、3.2.4 で述べたように、多様性であると述べている。この中で塚谷氏の重要な主張は「物理学の場合は統一理論を追求しているのだろうが、生物の場合はケースバイケース、全部の生物に共通の原理があると思っている人もいるだろうが、そんな原理はたぶんない、本質的に個別論である」としている点である。

　認知言語学と相反する考え方のもとに言語分析をしているのが生成文法であると述べたが、生成文法はどんなに多様に見えようとも、その背後には普遍的原理（普遍文法）があるとの前提だと紹介した。

　しかし（私の知っている限りの）認知言語学の研究者は、塚谷氏の主張と同様、

第 3 章

統一理論の追求ではなく、言語も本質的に個別論であると考えている人が多い。

　生物が統一理論を追求できそうにない理由は多様性にある。だから言語が多様でそれぞれが違う様相を見せ、言語間で対比して異なる部分が多ければ多いほど、個別論になるのは当然である。

　普遍文法に懐疑的な理由は、間接的ではあるが、言語の発音のあり方にある。言語によって発音が違うことは、他言語を習う際に経験するが、MRI を使って、違う言語を発話する際、脳のどこが関わっているかを見ると、言語によって使っている脳の部位、箇所が違っていることがわかっている（2004：201-206）。たとえば、舌の動かし方が他言語とは違った複雑な筋肉の動きを必要とする言語なら、その指令に関わる脳の部位が、他言語と違うことは、容易に想像できる。習得した第一言語である脳の部分が使われるからこそ、新しい言語を習得する際、第一言語ほどは流暢な発音ができない。それは使われている脳の部位が違うからである。言語の発話に関わる部分は各言語で同じ一ヶ所に固まっているわけではなく、脳に点在しているのだ。

　この事実から推測すると、発音以外の、たとえば文法を操っている箇所もすべての言語で一つの領域とは断定できないことになる。発音同様、文法規則も言語間で大きく違っているためだ。

　もちろん思考や意志を操る部分はかなり共通していることだろう。しかし言語に関係する部分は発音の例からわかるように複数あり、おそらくはその組み合せが多様であることから、それぞれの言語が独自の性格を持つのではないか。

　生物が多様であり得るのもこれと同様、環境が要求するものにあわせて、複数の組み合わせが反応し、相互作用しながらその中で必要とされるものだけが残り（あるいは顕在化し）、独自の組み合わせが出来るからではないかと考えられる。

168

3.2 言語と生物の類似点について

　もしそうであれば、どの言語にも共通する核となる普遍文法を操る部分は存在しているとは考えられない。おそらく文法に関係するいくつかの領域があり、それぞれが独自に組み合わさって一つの言語の文法を作り上げているのだと推測できる。

　この点からも、生物の多様性と言語の多様性の関連性を考えることは興味深いことだと言える。

第3章

3.3　植物の生存する手段の多様性

　先日、少し前に買った植物の本を読んでいた。植物が生存していくために、どのような戦略を取っているかが書かれたものだ。これを読むと、ずいぶんとさまざまな方法があるものだ。しかもどの戦略もそれぞれに効果的だ。自分の身を守る方法も子孫を残す方法も、実に多様である。決して一つに収斂されているわけではない。これは裏を返せば一つの原理ではないからだろう。

　稲垣栄洋氏の書かれた『たたかう植物』（2015：ちくま書房）という本の第5章の一部をごく簡単にまとめると、以下のようになる。

　植物は動けないという不利な条件下にあるので、生存する方法として動物とは違った手段をそれぞれ編み出している。たとえばある植物は食べられないよう、有毒なものを含み、食べたら虫が中毒になってしまう手段を取る。そうすればその後は同じ動物や虫に食べられない。

　ただ、食べられないよう工夫する方法は、哺乳類と昆虫とでは違う。なぜなら哺乳類と昆虫では味覚が違うからだ。たとえば人間をはじめ哺乳類は苦みを嫌う。毒は辛かったり苦かったりする。その苦みを嫌う特性を利用して植物は哺乳類から食べられないよう発達した。

　しかし苦みがわからない昆虫は、どんどん葉っぱを食べてしまう。だから苦みでは対処できない。しかも昆虫は哺乳類よりも世代交代が早い（寿命が時間的に短い）ため対抗策を編み出しても、虫のほうもさらなる対抗策で対処するのだ。そのため植物は昆虫に対しては、哺乳類とは違う手段を取る。ある植物は自分を守る防御策として、その虫の天敵をおびき寄せる方法を取って自分を食べようとする虫の敵を呼んで、虫を食べてもらおうとするのだ。

170

3.3 植物の生存する手段の多様性

また毒を作るのは、植物にとっては、その分、本来別のために使う労力を削って作ることになる。毒の生産は、本来使う力をまわして作り出さないといけない。だからその両方のエネルギーのバランスの上に作られる。そのため毒を作る余力がなければ、別の方法を編み出すことになる。

虫の天敵をおびき寄せるとか、毒を作る以外に身を守る方法もある。トゲを発達させることで近寄れないようにすることもそうだし、嫌な臭いを出して遠ざける方法もそうだ。擬態も身を守る方法の一つだ。保護色は有名だが、植物も擬態という方法を取る。たとえば、ある植物は昆虫が産みつける卵を真似て、卵に見えるカモフラージュのようなものを作り出し、あたかも既に同類の昆虫が卵を産みつけたよう錯覚させる。幼虫どうしがエサを巡って争わないよう、既に産みつけられた植物には卵を産みつけないという、親の性質を利用するのだ。卵が産みつけられているように見せかけて、卵がかえったあと幼虫が自分を食べてしまうのを防ぐのだ。

防衛方法は本当に多様だ。多くの植物は成長点が上にあるが、成長点を下に置くことによって、生存をより確実なものとした戦法を取ったものもある。イネ科の植物がそうだ。植物の多くは、上へ伸びていくことで成長していく。しかしそれだと上にある成長点が草食動物に食べられてしまってダメージが大きい。そこで成長点を下に置いて、草食動物の食害から身を守るのだ。しかもそうすると利点も生じる。上が食べられることによって下にまで光が差し込み届くので、生育が良好になるのだ。食べられることで生存をより確かなものにするのである。

食べられることによって生存していく方法を取るのはイネ科だけではない。一般に知られているのは動物に実を食べられることで動物の移動を利用し、糞と一緒に種が排出されることで遠くに運んでもらう方法だ。しかし単に食べら

171

第3章

れることを望んでいるわけではない。何に食べられたいかまでちゃんと計算している。哺乳類に食べられては、歯で種まで噛み砕かれてしまう可能性がある。それでは食べられても子孫を残せない。そこで歯のない鳥に食べてもらおうとする戦略を取る。ではどうやって哺乳類を遠ざけ、鳥類を呼び寄せるのか？　その選択に色という手段を使う。人間や猿など一部を除けば、哺乳類は赤という色が識別できないらしい。（スペインの闘牛では赤い布を使うが、牛には赤が識別できていない。あれは単なる演出上のために用いられているだけだ。）しかし鳥には識別できる。その性質を利用して種を運んでもらいたい時期になると、実を赤くする。そこに甘みを添えて、鳥に食べてもらおうとするのだ。まだ種がちゃんとできていない段階で食べられては困るので、そのときには葉っぱと同じように緑のまま目立たないよう身を隠している。まだそこに甘みは加わっていない。

　植物の戦略のすべてを紹介する余裕はないが、このような方法を見ると生き残るために植物はさまざまな戦略を取っていることがわかる。一つと決まっているわけではない。自分が動けないからこそ、置かれた環境に対応できるよう植物はさまざまな状況を把握し（把握というからには脳があると思うだろうが、動物の脳に対応するものがなくても知性や考える力はある）それぞれの植物がベストな方法を編み出したのだ。その戦略は実に巧妙で多様である。動けないという性質上、あらゆる手段が選択肢となっている。さまざまな選択肢がないと残っていけないからだ。植物もそれぞれ特徴が違う（そして天敵も違えば、生きる環境も違う）のだから独自に工夫する必要があるのだ。

　しかしこれはどの生物もが持っている能力だ。植物に限らない。この「環境に対処する能力」がすべての生物にも備わっていることを考えると、人間もまた当然のことながら、同様の能力を持っていると考えられる。

3.3　植物の生存する手段の多様性

では人間は生き延びていくためにどのような選択肢を選んだのか？

第3章

3.4　言語という手段

　人間に限らないが、どんな生物にも生きていくためには多くの困難がある。単に食うか食われるかだけでなく、天候や気温のような環境はもちろんのこと、食糧の確保に対する安定性や、病気を引き起こす病原菌への対応も必要だ。生存を脅かすものは多い。これらに対処できるさまざまな能力が必要だ。

　ではこれらに効果的に、そして包括的に対処するにはどのような特性が必要だろう。当然ながら、あらゆることに対応できる能力だ。

　先ほど挙げた植物の例は、すべて食うか食われるかという点では対処できる。しかしそれだけでは足りない。植物だって病気はあるし、天候が不順で滅びてしまう可能性だってある。だから食うか食われるかだけでなく、もっと広範囲に対応する能力があれば、いろいろなことに対応できる。最近では、品種改良や遺伝子操作で寒さに強いとか、ある病気に強い植物を作り出せるというから、根底には対応する方法を植物も持ち合わせていることがわかる。

　このような広範囲に対処する手段を編み出す有効な方法の最たるものが、脳を発達させるということだと思う。そして広範囲に対応するなら、専門の臓器を持つほうが有利だ。体の大きさといい、力といい、脳の発達がなければ、人間は凶暴な動物をはじめとする生物から身を守ることはできなかっただろうし、生き残ることもできなかっただろう。肉体的な側面だけで考えると、太刀打ちできない動物はたくさんいるからだ。

　それぞれの生物が生き残るため、独自の能力を発達させてきた。しかし人間は脳の発達のおかげで、肉体的な面でのハンディをカバーするのはもちろんのこと、病気の原因となる病原菌など、目に見えない敵にも対応できるようになっ

174

3.4 言語という手段

たのだ。脳の発達があったからこそ、逆に肉体的な側面の強化の方向へは行かなかったとも言える。進化するには、何かを発達させ、何かを犠牲にするというバランスの上にあるからだ。

　脳が発達することによって、外界、環境への対応が、より複雑で多様で高度になった。では脳の活用（つまり思考ということになる）を最大限に高める方法とは何だろう？　それがコミュニケーションの複雑化ということになる。

　ただ、コミュニケーションということなら、どんな生物も取っている。動物だけではない。実は植物もコミュニケーションを取っているようなのだ。『植物は知性を持っている』という本によると、植物に確かに脳はないが、それに替わるものがちゃんとあるという。視覚も臭覚もある。だから光の方向に伸びたり、いい匂いを放つ。そういう感覚があるからこそだ。

　そう考えると、コミュニケーションをより高度に具現化する役割を果たす点が違うだけで、人間の言語もその点では、植物が生存のために取った手段と大差ない。言語がなければ、コミュニケーションを高度化することはできない。思考することもない。本能ではなく、思考が高度になっていくからこそ、それを具体的に伝える言語が生まれたとも言える。

　生存をより確実にする方法として、脳の発達が促されたのなら、それはより複雑な思考をすること、そしてより複雑なコミュニケーションを行う能力を持つということになる。そのため言語は、他の動物が行うコミュニケーション以上に効率的でなければならない。だから人間の言語にはどれも効率性が見られ、二重分節という構成になっているのだ。

　しかし何度も述べてきたように個々の言語は相当に異なっている。二重分節であることを初め、抽象的な共通点は見出せても、具体的な規則となると、どの言語にも当てはまる法則があるわけではない。個別的なのだ。言語に共通の

175

第3章

法則など、日本語と英語を見ても、多くは見当たらない。それは比喩的に言うならば、歌というのを定義して、共通性を指摘しても、テンポもメロディもリズムも違い、さまざまであるのと似ている。それらの歌すべての共通性を見つけ出して、具体的に一つにまとめなさい、と言っているようなものだ。どの曲にもリズムやメロディがあるという抽象的な共通性しか、せいぜい言えない。それぞれが独自性を持っている。

　世界には何千という言語があり多種多様だ。なぜそれぞれ言語は違っているのか。具体的な共通項を見つけ出せないなら、なぜそうなのか。ここに植物が生存のために取った多種多様な方法との共通性があるように思う。

　今ではどの植物もどのように身を守るかが、個々の種で決定している。選択肢が急に変わることはない。しかし植物が取る身を守る手段が決まるまでには体の中でいろいろな可能性を模索する時期があったはずだ。それが決定するまでには決定に至る駆け引きもあっただろう。毒を生成することが最も適していると判断されても、毒はどの程度作る必要があるのか、そのために使われる労力はどのくらいで、今の生存の維持に影響がないようにするには、どの程度に留めておく必要があるかなど、いろいろな事情から総合的に最終的な決定がなされたはずだ。身を守る方法の他の選択肢の可能性を排除しない段階もきっと存在したに違いない。生存をより確かなものにするために、このような複数の可能性の模索の期間があることを考えれば、人間にとって言語が生存を高めるための手段として現れたものである以上、さまざまな仕組みの言語を受け入れる選択肢があってもおかしくない。

　どの言語を母語とするかは生まれつき決まっている訳ではない。遺伝的な要因で生まれるときから決定づけられているものと違って、言語はどのような言語であっても、習得できるという特性がある。人間はただ言語を習得するとい

176

3.4　言語という手段

う特徴を持って生まれてくるだけだ。日本語と英語の違いを見てわかるように、言語はいろいろな点で、程度の差が異なっている。世界中の数千という言語を比較したら、違いは千差万別だろう。

　言語は自らの生存をより高めるための手段として生み出されたものだと述べた。だから言語を習得するという特性は受け継がれているが、中身は決して確定されたものではない。環境に応じて植物が取るさまざまな手段の選択肢があるように、コミュニケーションの手段も、置かれた環境にしたがって、多様な可能性があって当然だ。

　仲間に危険を知らせるだけの行動なら他の動物や植物にも見られる。しかし合図以上のものを提供できれば、より効果的に生存を確かなものとする。人間にとっては、植物が動物や虫から自分を守る手段が、思考とそれを具体化する言語に相当するのである。

—————————————————————————————

　生物が陸からまた海へ進出する、あるいは空へ進出する時、大きな環境の違いに適応しようとして体内で劇的な変化が起こったことだろう。地上にいる動物が鳥になって空を飛べるようになるには、単に羽が生えただけでは駄目で、様々なことが変わらないといけない。体が軽くなったり、遠いところから獲物を獲得するために視力が発達すること、雨に濡れても水をはじき返す皮膚や羽毛の必要性、体温の維持の必要性など、様々なことをクリアして、ようやく別の環境への移動が実現する。そして変化は必ず一方向だ。バラバラに変わるのではなく、体全体が同じ方向に向かって変化する必要がある。

　こういう変化は極端な例だが、たとえ環境の変化が小さくても、敏感に反応し、それを基に体内で必要性の可否の判断が生じるはずである。そして変化す

177

第3章

ることが必要と判断された時は、変化に応じるのに必要な遺伝子の部位同士が、お互いに絡み合って取捨選択がなされ、最終的に目的に応じた形での組み合わせが決定されるのだろうと推測される。

　幼児が言語の規則を習得するのも似通った部分があると思われる。どのようなコミュニケーションの手段を受けるのか（つまりどの言語が母語になるのか）、一定期間その環境にさらされ、現実の会話に触れることで反応すべき複数の脳の部位が刺激され、基本となる規則が組み合わされて、特定の言語の形成に向かう。そして規則が受け入れられ、それに従って実際に使われると、規則に応じた言語傾向が様々な側面で具現化されていくのだと考えられる。

　発音の場合がそうだった。各言語はそれぞれ発音が異なるが、その発音に関わっている脳の部位は決して一つに固定しているわけではなかった。いくつもの脳の部位が発音に関わっており、ある言語で使われる部位もあれば、使われない部位もある。つまりたくさんの発音を司る部位の中から実際の会話を聞くことで（そしてそれを真似することで）、必要とされる口や舌の筋肉の動かし方に必要な部位が選択され、それを可能にする部位の組み合わせができ、一つの言語の発音体系が成立しているのだ。

　こういったことが言語の一つの側面の習得のあり方だとすれば、文法も、文法に携わっている脳の複数の部位の中から選択され、その組み合わせによって、言語独自の規則が生まれると考えられる。その成立は、同じ部類に属する、似た言葉同士なら、より近い組み合わせとなっていることだろう。逆に全く違った部類の言語に属する場合は、相当に組み合わせが異なっていると考えられる。それが第二言語の習得の難易度に関係しているとすれば（例えば近い言語同士の言語なら習得しやすい）現実とも合っている。

　この「組み合わせの選択が行われること」こそが、生物に多様性をもたらし、

3.4 言語という手段

それぞれの生物の生存をより確実にした。それは言語の多様性も生み出した。

　脳の発達が、本能では解決しない能力を作り出し、それが生存に有利に働くよう生み出されたものと考えられるなら、その思考を具体的な形で提示する言語の形成にも、背後に生物の生存をめぐってのあり方のからくりが反映されていると考えられるのである。

おわりに

　私は幼稚園、小学校の頃から音楽が大好きだった。歌謡曲に魅せられ、中学に入る頃には、すっかり音楽が自分の人生の中で大切な地位を占めるようになった。特にビートルズに魅了されてからは、ますます音楽好きが高じたように思う。

　部屋にはビートルズ関係のレコードやCDだけで、ゆうに1000枚はあるのではないか。数えたことはないが、膨大な数が部屋に並んでいる。個人で所有している数としては、間違いなく日本でも数本の指に入ると自負している。その数は毎年膨らんでいくばかりだ。

　「ビートルズってそんなにたくさんのレコードを出しているの？」と聞かれることがある。大きな声では言えないが、大半はブートレッグ、つまり海賊盤だ。私は一つのことに夢中になると、とことん収集する癖がある。きっかけとなったのはビートルズの場合、世に出ている公式バージョンや曲よりも素晴らしい音源に出合ったことからだ。正直な所、公式に出ているバージョンよりもそういう音源の方を聴き込んでいるのは間違いない。一度その味をしめたら、まだないものかと、つい手が出てしまう。ビートルズにはそういう深さがあるからこそ、解散して50年を迎えようとするのに、未だに新しい発見があり、雑誌や本が毎年のように大量に出版される。ビートルズはその制作の舞台裏も含めて全部聴いてしまいたいという魅力に満ちている。

　だからといってビートルズ一色というわけではない。学生時代からクラシックも、ボサノヴァも、映画音楽も、そしてもちろん日本の歌謡曲も聴いていた。ただ、本でも何でもそうだったが、たくさんのことに手を染めるのではなく、昔から自分の好きな特定の作家、作品だけを繰り返し読んだり聴いたりする性格だった。

いつ頃からか、それに加えて、ジャズや、最近ではボサノヴァではない南米の音楽をも聴くようになった。このきっかけもビートルズだ。彼らの音楽には幅があることから、どのような音楽を吸収し、消化して、自分達の音楽を作り上げたのだろうという興味からだった。最初は彼らのルーツを探ろうと聴き始めたが、今は必ずしも昔の音源だけではない。でもそういう背後の音楽にも触れた上で、夢中になったビートルズの音楽を改めて聴き、理解を深めたいというふうに変わってきた。どうも自分の性分のようだ。

ただしビートルズだからそうなった、というわけではない。この本にも同様の傾向がある。私は40代半ばまで、ひたすら所有構文という、一つのテーマを研究してきた。その後は、それを通して見える言語現象の背後にあるメカニズムに興味が移ってきたのだ。今後もこのカラクリを探ってみたいと思う。

本の原稿は、数年前から少しずつ書き溜めていた。その量は膨大で、これを一冊の本にまとめるのは骨が折れるな、とそのままになっていた。今回はその中から大切と思われるエッセンスだけに絞って、短くまとめ、加筆修正を行った。

後半は、生物学的なことが言語の運用にかかわっているとの観点から書いたものだが、そのように推測できる材料は多くある。ただ、第3章にこれまでのすべてを掲載すると、第2章の所有構文以上の量になり、本のタイトルともテーマとも違ったものになってしまう。そこで今回はこの10年少し考えたことの一部を掲載するに留めた。その具体的内容はさらなる研究を重ね、機会あればいつか発表したいと思う。

本の校正に当たっては、ふくろう出版の亀山裕幸氏をはじめ、英語の教員をされている（あるいは以前されていた）金沢真弓先生、赤羽美鳥先生、平岡裕子さんに原稿をチェックしていただいた。どの方々も認知言語学を専攻してお

られないからこそお願いした。英語の教員として、英語に興味を持っていらっしゃる読者として、普通に読んでいただいて、理解していただけるかどうかという点から、原稿に目を通していただいた。そのため専門的な研究の一部、まだ考えが揺れているところは掲載を見送った。

　それでも、読みにくい、あるいは理解できないところがあれば、それはひとえに私の文章力のなさである。それに、ある程度の英語力や言語への関心がなければ理解しづらいところも結局出てきた。そういう意味では、当初目標とした専門書への架け橋にはならなかったかも知れない。

　ただ、大学院時代から研究していたことや、現在の興味の持ち方までの集大成として、研究者としての業績の一部をまとめられたのは幸いである。今後も精進を重ねたい。

　中学から大学院時代まで、たくさんの先生方に英語を教えていただいた。その中でも中学、高校の時に塾で英語を教えていただいた柳澤智子先生には特にお世話になった。決して勉強ができたとは言い難い私を学問の道に導くきっかけを与えてくれたからだ。心から感謝したい。それ以外にもお名前を記さないが、感謝したい先生方がいる。ありがとうございましたとお一人お一人に御礼を申し上げたい。

　至らない点、間違った点など、きっとあると思う。是非ご教示いただければ有り難い。

2019 年 11 月　　平見勇雄

参考文献

馬場悠男（2009）『この人この世界「顔」って何だろう？』日本放送出版協会.

Deane, Paul（1987）"English Possessives, Topicality, and the Silverstein Hierarchy", *BLS* 13. 65-76.

江川泰一郎（1991）『英文法解説』金子書房.

福岡伸一（2006）『ロハスの思考』ソトコト新書.

―――（2007）『生物と無生物の間』講談社現代新書.

古澤満（2010）『不均衡進化論』筑摩書房.

長谷川真理子（2002）『生き物をめぐる4つの「なぜ」』集英社新書.

Hayase, Naoko（1993）"Prototypical Meaning VS Semantic Constraints in the Analysis of English Possessive Genitives", *English Linguistics* 10. 133-159.

Hawkins, Roger（1981）"Towards an Account of the Possessive Construction: NP's N and the N of NP", *Journal of Linguistics* 17. 247-269.

平見勇雄（1997）John's picture, a picture of John においての解釈の違いはなぜ生まれるのか―認知言語学的観点からの説明　吉備国際大学社会学部研究紀要7. 279-284.

―――（1998）「Of-genitive のスキーマに関する一考察」英語表現研究　第15号. 79-87.

―――（1999）英語の所有構文の形式の相違点　吉備国際大学社会学部研究紀要9. 61-66.

―――（2000）英語の所有構文にあらわれる名詞（head noun）の概念の依存性に関して　吉備国際大学社会学部研究紀要10. 47-53.

―――（2001）英語の所有構文の形式の相違点（2）―言語形式の選択に関係するいくつかの要素について　吉備国際大学社会福祉学部研究紀要6. 105-112.

―――（2003）英語の所有構文をめぐっての疑問（2）―A's B B of A とそれに対応する日本語の「A の B」の比較　吉備国際大学社会福祉学部研究紀要8. 55-66.

―――（2004）英語所有構文の性質に関しての再考―A's B, B of A の両形式で表される表現との比較から　吉備国際大学社会福祉学部研究紀要9. 9-17.

―――（2005）英語所有構文に現れるプロトタイプから外れる用例に関する考察　吉備国際大学社会福祉学部研究紀要10. 91-104.

―――（2006）英語所有構文に見られる英語全体に浸透している言語傾向との接点に関する考察　吉備国際大学社会福祉学部研究紀要11. 129-141.

―――（2007）英語所有構文の例外に関する考察（1）　吉備国際大学社会福祉学部研究紀要12. 145-156.

―――（2008）英語所有構文の例外に関する考察（2）　吉備国際大学社会福祉学部研

究紀要 13. 175-183.

―――（2009）言語と生物の類似点に関する一考察　吉備国際大学社会福祉学部研究紀要 19. 113-121.

―――（2010）言語と生物の類似点に関する一考察 2 吉備国際大学社会福祉学部研究紀要 20. 99-107.

―――（2011）言語と生物の類似点に関する一考察 3　吉備国際大学社会福祉学部研究紀要 21. 101-108.

―――（2012）言語と生物の類似点に関する一考察 4　吉備国際大学研究紀要　人文・社会科学系 22. 95-103.

―――（2013）言語と生物の類似性に関しての考察　吉備国際大学研究紀要　人文・社会科学系 23. 95-104.

―――（2014）言語と生物の類似点に関する一考察 6　吉備国際大学研究紀要　人文・社会科学系 24. 23-31.

―――（2015）言語と生物に関しての一考察―特に効率性に関して―　吉備国際大学研究紀要　人文・社会科学系 25. 27-34.

―――（2016）日時の表現に関しての再考察 2　吉備国際大学研究紀要　人文・社会科学系 26. 91-99.

―――（2016）言語と生物の類似点についての一考察　国際教育研究所紀要　第 22・第 23 号合併号.　109-118.

―――（2017）言語、文化、生物に関する共通性の一考察　吉備国際大学研究紀要　人文・社会科学系 27. 65-72.

―――（2018）言語と生物の類似点　補足　吉備国際大学研究紀要　人文・社会科学系 28. 69-76.

―――（2019）言語と植物における類似点の一考察　吉備国際大学研究紀要　人文・社会科学系 29. 47-53.

池上嘉彦（1978）『意味の世界』NHK ブックス.

―――（1981）『「する」と「なる」の言語学』大修館.

―――（1991）『英文法を考える』筑摩書房.

稲垣栄洋（2015）『たたかう植物』ちくま書房.

井上健二（2010）『健康常識にダマされるな』ソフトバンク新書.

今井邦彦編（1985）『英語変形文法』大修館書店.

ジャンバティスト・ド・パナフィユー（2011）『骨から見る生物の進化』河出書房新社.

金田一春彦（2001）『ホンモノの日本語を話していますか？』角川書店.

近藤滋、笹井芳樹他（2011）『細胞「私」をつくる60兆個の力』NHK出版.

小西友七編（1989）英語基本形容詞副詞辞典　研究社.

Lakoff, George and Mark Johnson（1980）*Metaphors we live by*, Chicago Press.

Lakoff, George（1987）*Women, Fire, and Dangerous Things* Chicago: The University of Chicago Press.（池上嘉彦、河上誓作　他（訳）『認知意味論』紀伊國屋書店　1993）

Langacker, Ronald（1993）"Reference-Point Constructions", *Cognitive Linguistics* 4-1, 1-38.

Leech, Geoffrey N.（1971）*Meaning and the English Verb*. Longman.

Lyons, John.（1977）*Semantics 2*. Cambridge University Press.

マイケルコーバリス（2008）『言葉は身振りから進化した』勁草書房.

美宅成樹（2002）『分子生物学入門』岩波新書.

毛利可信（1983）『橋渡し英文法』大修館.

中原英臣、佐川峻（2008）『生物の謎と進化論を楽しむ本』PHP研究所.

中内光昭（1997）『DNAがわかる本』岩波ジュニア新書.

中屋敷均（2014）『生命のからくり』講談社現代新書.

Nikiforidou, Kiki（1991）"The Meanings of the Genitive: A Case Study in Semantic Structure and Semantic Change", *Cognitive Linguistics* 2. 149-205.

日本博識研究所（2009）『謎の生きものファイル』宝島社.

日本植物生理学会編（2007）『これでナットク！植物の謎』講談社.

西川伸一、倉谷滋、上田泰己（2011）『生物のなかの時間』PHPサイエンスワールド新書.

西山佑二（1993）"NP1 no NP NP of NP1" 日本語学 12. 65-71.

岡ノ谷一夫（2013）『「つながり」の進化生物学』朝日出版社.

ピーターロス、ロス典子（1988）『日本人が間違いやすい英語』朝日出版社.

大津由紀雄、江利川春雄、斎藤兆史、鳥飼玖美子（2013）『英語教育、迫りくる破綻』ひつじ書房.

Quirk, Randolph, Sidney Greenbaum, Geoffrey, Leech and Jan Svartvik（1972）*A Grammar of Contemporary English*, Longman, London.

Quirk, Randolph, Sidney Greenbaum, Geoffrey Leech and Jan Svartvik（1985）*A Comprehensive Grammar of the English Language*, Longman, London.

リチャード・ドーキンス（2009）『進化の存在証明』早川書房.

佐貫亦男（2009）『進化の設計』講談社学術文庫.

澤口俊之、阿川佐和子（2003）『モテたい脳、モテない脳』新潮文庫.

清ルミ（2007）『優しい日本語』太陽出版.

Swan, Michael（1980）*Practical English Usage* Oxford University Press, Oxford.

立花隆（2004）『脳とビッグバン』朝日文庫.

田中春美他（1982）『言語学演習』大修館.

スタンリー・コーヘン（2002）『犬語の話し方』文春文庫.

ステファノ・マンクーゾ、アレッサンドラ・ヴィオラ（2015）『植物は知性を持っている』NHK 出版.

Taylor, John R.（1989b）"Possessive Genitives in English", *Linguistics* 27. 663-686.

──────（1994）"Subjective and Objective Readings of Possessor Nominals", *Cognitive Linguistics* 5-3. 201-242.

──────（1996）*Possessive in English*, Oxford University Press, Oxford.

上野正彦（2002）『解剖学はおもしろい』青春出版社.

米原万理（2007）『米原万理の「愛の法則」』集英社新書.

【著者紹介】

平見　勇雄

1960 年　香川県高松市生まれ。早稲田大学法学部卒業、東京大学大学院総合文化研究科修士課程修了。学術修士。現在、吉備国際大学アニメーション文化学部准教授。英語学（特に認知言語学）が専門。

JCOPY 〈(社)出版者著作権管理機構 委託出版物〉

本書の無断複写（電子化を含む）は著作権法上での例外を除き禁じられています。本書をコピーされる場合は、そのつど事前に(社)出版者著作権管理機構（電話 03-5244-5088、FAX 03-5244-5089、e-mail: info@jcopy.or.jp）の許諾を得てください。

また本書を代行業者等の第三者に依頼してスキャンやデジタル化することは、たとえ個人や家庭内での利用であっても著作権法上認められておりません。

英語の所有構文に関する考察
―認知言語学的アプローチから見えてくること―

2019 年 12 月 21 日　初版発行

著　　者　　平見　勇雄

発　　行　　ふくろう出版

〒700-0035　岡山市北区高柳西町 1-23
友野印刷ビル
TEL：086-255-2181
FAX：086-255-6324
http://www.296.jp
e-mail：info@296.jp
振替　01310-8-95147

印刷・製本　　友野印刷株式会社
ISBN978-4-86186-776-7 C3082　©Hirami Isao 2019
定価はカバーに表示してあります。乱丁・落丁はお取り替えいたします。